Rudolf Geser

Radtouren Toskana,
Abruzzen, Süditalien

W0084175

Rudolf Geser

Radtouren Toskana, Abruzzen, Süditalien

SPEZIALFÜHRER

35 ausgewählte Tourenvorschläge

Zweite, durchgesehene Auflage

Die Deutsche Bibliothek – CIP-Einheitsaufnahme

Geser, Rudolf:
Radtouren – Toskana, Abruzzen, Süditalien: 35 ausgewählte
Tourenvorschläge / Rudolf Geser. – 2., durchges. Aufl. –
München; Wien; Zürich: BLV, 1992
  (Spezialführer)
  ISBN 3-405-13750-0

BLV Verlagsgesellschaft mbH
München Wien Zürich
8000 München 40

Bildnachweis
Titelbild: Weinberge bei San Gimignano in der Toskana.
Foto: Mauritius/Ligges

Alle Abbildungen im Innenteil
vom Autor.

Zeichnungen: Hellmut Hoffmann, Starnberg
Lektorat: Marianne Faiss-Heilmannseder, München
Satz und Druck: Appl, Wemding
Bindung: Ludwig Auer GmbH, Donauwörth

Printed in Germany · ISBN 3-405-13750-0

Inhalt

Süditalien

Einführung

Die Toskana, diese historische Kernlandschaft Italiens, die Abruzzen, in denen der langgestreckte Bergzug des Apennin seine höchsten Erhebungen erreicht, und das südliche Italien mit seinen Provinzen Molise, Apulien, Kampanien und Basilikata sind die Gebietsthemen dieses Radführers.

Den Schwerpunkt bildet dabei natürlich die Toskana, jene von der Po-Ebene durch die Bergkette des Tosco-Emilianischen-Apennin getrennte Landschaft, die sich entlang des Tyrrhenischen Meeres weit nach Süden Richtung Rom entlangzieht. Dem Reisenden bieten sich entlang der Küste schöne breite Sandstrände mit steilen Küstenabschnitten, winzigen Badebuchten und Pinienwäldern, die fast bis ans Meer heranreichen. Der Radler wird das Landesinnere bevorzugen, etwa das Gebiet zwischen Florenz und Siena, wo sich die Toskana mit ihren weiten, welligen, bis an den Horizont reichenden Hügelketten, den Weinbergen und Weinorten und den geordnet in Reih und Glied aufragenden Zypressen, am »toskanischsten« offenbart. Die beschriebenen Touren reichen von Ausflügen in die Marmorberge bei Carrara, einem Abstecher zum toskanischen Archipel nach Elba, Touren im Mugello, dem Hinterland von Florenz, entlang der Chiantigana, der Chianti-Straße schlechthin, bis zu einer mehrtägigen Rundreise durch die Toskana, die nicht nur die schönsten Landschaften, sondern auch die wichtigsten Kunststädte wie Florenz, Lucca, Pisa und Siena einschließt.

Weniger die Kunst ist es, die uns in den Abruzzen, der eigenständigen Region östlich von Rom, erwartet. Dafür entschädigen mit dem Massiv des Gran Sasso, der hier mit dem 2912 m hohen Corno Grande die höchste Erhebung des Apennin bildet, gewaltige, schroffe Berge; aber auch die abrutinische Küste mit kleinen Küstenstädtchen und Sträßchen, die in das Landesinnere zu malerisch gelegenen Bergdörfern führen, die noch ein Stück ihres mittelalterlichen Charakters bewahrt haben.

Die südlichen Landschaften runden den Kreis. Einst schwer zugänglich, nur durch sperrige Bergpfade erreichbar, können sie längst über bequeme Autobahnen schnell angesteuert werden. Und doch sind sie vom Tourismus noch nicht vollständig erschlossen, und so können die hier beschriebenen Touren nur ein kleiner Anreiz für eigene Unternehmungen sein.

Rudolf Geser

Touren-Übersicht

		Länge	Höhen-differenz	Höchst-steigung	Schwierig-keitsbe-	Über-setzung
		km	m	%	wertung	
1	Die Toskana von Nord nach Süd, 1. Abschnitt	100,5	1200	11	2	42/23–26
2	Die Toskana von Nord nach Süd, 2. Abschnitt	59	650	12	1–2	42/23–26
3	Die Toskana von Nord nach Süd, 3. Abschnitt	85	600	8	1–2	42/21–23
4	Von Florenz ins Mugello	76	600	8(18)	2	42/21–23 (26–28)
5	Durch das Ombronetal	63	1210	6	2	42/21
6	Zum Rifugio Carrara	19,5	1100	10	2	42/23
7	Durch die Marmorberge der Toskana	43	840	8	2	42/21–23
8	Über den Monte Albano	34,5	280	5	1	42/21
9	Im Chianti-Land	78	700	8	2	42/21
10	Zum »Manhattan« der Toskana	32	650	8	1	42/23
11	In der Crete	49	700	10	1–2	42/23
12	Auf den Monte Amiata	14,5	1100	12	2	42/26
13	Die toskanische Rundreise, 1. Abschnitt	39	100	11	1	42/21
14	Die toskanische Rundreise, 2. Abschnitt	44,5	200	5	1	42/21
15	Die toskanische Rundreise, 3. Abschnitt	98,5	900	6	2	42/21
16	Die toskanische Rundreise, 4. Abschnitt	48,5	550	8	1	42/21
17	Die toskanische Rundreise, 5. Abschnitt	65,5	680	9	2	42/21–23
18	Die toskanische Rundreise, 6. Abschnitt	75,5	500	12	2	42/23
19	Elba – Mittelteil	32	470	9	1	42/23
20	Elba – Westteil	63,5	650	10	1–2	42/23
21	Elba – Ostteil	56,5	650	10	1–2	42/23
22	Elba – Auf den Monte Perone	44	900	14	2	42/26
23	Um den Lago di Campotosto	90	850	6	2	42/21–23
24	Zum höchsten Berg der Abruzzen	44,5	1505	13	2	42/26
25	Durch den Abruzzen-Nationalpark	114,5	2020	6	3	42/23

		Länge km	Höhen-differenz m	Höchst-steigung %	Schwierig-keitsbe-wertung	Über-setzung
26	Von L'Aquila zur Adria	91,5	580	6	1–2	42/23
27	Im Schatten des Gran Sasso	55	720	8	1	42/23
28	Im Hinterland von Pescara	66	650	8	1–2	42/23
29	Auf die Maielletta	28	1995	13	2–3	42/26
30	Von Campobasso ins antike Saepinum	30	200	6	1	42/21–23
31	Gargano – Küstenstraße	80,5	1250	6	2	42/21–23
32	Gargano – Durch die »Foresta Umbra«	57,5	920	8	1–2	42/21–23
33	Um die Vulkanlandschaft des Vulture	41,5	700	8	1–2	42/23
34	Auf den Vesuv	11	860	14	2	42/26
35	An der Küste von Amalfi	49	550	12	1–2	42/26

Schwierigkeitsbewertung:

1 = leicht
2 = mittelschwer
3 = schwer

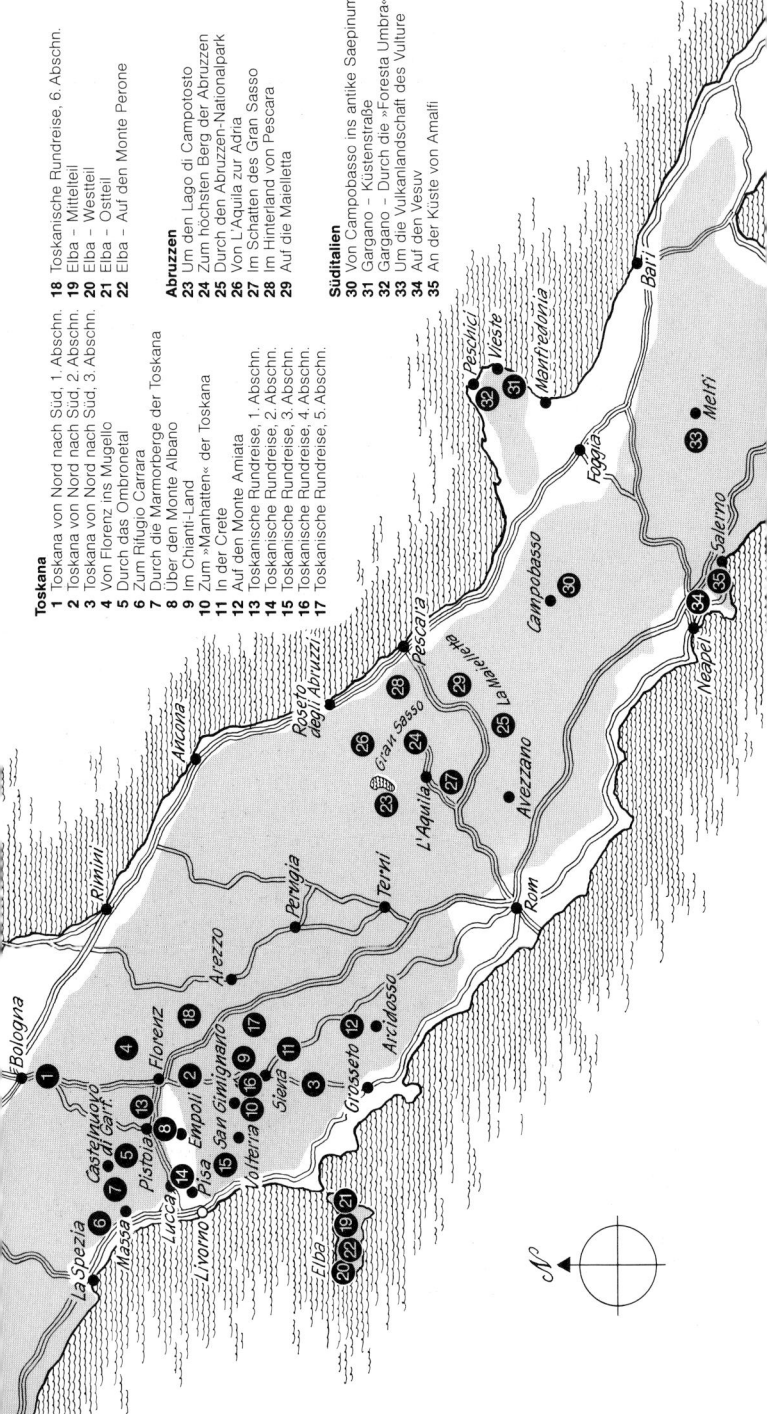

Allgemeine Hinweise

Wenngleich die Toskana, diese Kunst- und Kulturlandschaft Italiens, sicherlich jedem ein Begriff ist, fällt es gar nicht so einfach, ihre geographischen Grenzen schriftlich aufzuzeigen. Dies liegt nicht so sehr an der wechselvollen Vergangenheit mit ständigen Grenzverschiebungen, als vielmehr am teilweisen Fehlen naturgegebener Grenzlinien. Im Norden ist es noch der Gebirgskamm des Tosco-Emilianischen-Apennin, der eine natürliche Grenze bildet. Zur Verdeutlichung könnte man hier auch eine Linie von der Küstenstadt La Spezia über Pistoia nach Florenz ziehen, obwohl die tatsächliche Grenze etwas weiter nördlich im Gebirge verläuft. Im Westen sorgt das Tyrrhenische Meer von La Spezia bis weit hinunter nach Ansedonia, dem letzten toskanischen Badeort vor dem Latium, für klare Begrenzungen, aber im Süden und Südosten ist die Grenze vor allem eine geschichtliche, hervorgegangen aus den spätantiken und mittelalterlichen Gebietserweiterungen des Stadtstaates Florenz. Eine von Ansedonia nach Südwesten über Arezzo hinaus in das Val Tiberina, dem Ursprung des Tiber, gezogene Linie könnte den Grenzverlauf in etwa aufzeigen.

Die eigentliche Toskana aber, so wie sie sich jeder Reisende vorstellt, mit sanft gewellten, schier endlos erscheinenden Hügelketten, trapezförmigen Feldern und geradlinig verlaufenden Weinstöcken, die von Zypressenreihen, Wegen und Alleen unregelmäßig gegliedert werden, ist das Gebiet zwischen Florenz und Siena. Hier liegt auch der Schwerpunkt der Tourenvorschläge.

Nicht versäumen möchte ich, an dieser Stelle darauf hinzuweisen, daß eine genaue Beschreibung der kunsthistorischen Sehenswürdigkeiten der Toskana nicht Aufgabe dieses Führers sein kann. Literatur hierzu ist in überreichlichem Maße vorhanden. Selbstverständlich fehlen einige wichtige Kunsthinweise in der Streckenbeschreibung nicht. Nehmen wir einmal Florenz als Beispiel: Mehr als 600 Autobusse fahren täglich in die Stadt am Arno, hinzu kommen nochmals 90 000 Autos, die den Straßenverkehr zu jeder Tageszeit zum Stocken bringen. Lärm, Luftverschmutzung und Touristengedränge sind logische Folgen. Für den Radler ist hier kein Platz. Uns zieht es eher zu den abseits gelegenen Landstraßen weiter im Süden, die zum größten Teil erfreulich verkehrsarm sind. Die Landschaft und vor allem die Beschreibung des Streckencharakters sind für denjenigen, der sich hier aus eigener Kraft fortbewegen muß, wichtig und stehen deshalb im Vordergrund.

Dies gilt auch für die Abruzzen, die mit der Toskana nur ihre Zugehörigkeit zu Mittelitalien gemeinsam haben. Interessant sind die Abruzzen deshalb, weil hier der Apennin, der die italienische Halbinsel auf seiner gesamten Länge gleichsam wie ein Rückgrat durchzieht, mit dem Gran-Sasso-Massiv seine höchste Erhebung hat. Die Adria in unmittelbarer Nähe, ergibt sich hier eine reizvolle landschaftliche Verbindung, die durch das Vorhandensein von Wölfen im Abruzzen-Nationalpark keineswegs gestört wird.

Süditalien ist die untere Hälfte des italienischen Stiefels. Die Touren führen uns hier in die Molise, nach Apulien, Kampanien und in die Basilikata.

Sizilien, die Insel zwischen Orient und Okzident, die begrifflich noch Süditalien zuzurechnen ist, ist wie die Insel Sardinien nicht mehr Bestandteil dieses Führers. Wirtschaftlich, aber auch landschaftlich ist dieser Süden, der Mezzogiorno, dem industrialisierten, auf Fremdenverkehr spezialisierten Norden weit unterlegen. Dies soll aber nicht heißen, daß der Süden dem Radler nichts zu bieten hat. Die lohnenden Ziele sind allerdings rarer gesät und über weite Gebiete verteilt. Die beschriebenen Touren stellen zweifellos die landschaftlichen Höhepunkte dar, sollen aber auch Anreiz für eigene Unternehmungen sein.

Reisezeit

Allen beschriebenen Gebieten ist ein mediterranes Klima – also warme, zumeist trockene Sommer und kurze, regenreiche Winter – gemeinsam. Durch seine Lage am Südrand des Apennin und wegen der Nähe des Tyrrhenischen Meeres regnet es im Frühjahr in der Toskana sehr häufig. Der April ist dabei der regenreichste Monat. Radtouren sollten deshalb keinesfalls vor Anfang Mai geplant werden. Besser ist es sogar noch, bis Mitte/Ende Mai zu warten. Dies ist dann allerdings auch der schönste Zeitraum. Die Temperaturen sind angenehm warm, die Vegetation ist in voller Entfaltung, und der Verkehr hält sich in erträglichen Grenzen.

Je weiter man nach Süden kommt, desto früher erreichen die Temperaturen zwar die Vorstellungen des Radlers, aber vor Mitte April sollte man auch in Süditalien keine Radtouren unternehmen. Die Wetterlage ist unbeständig, teilweise regnerisch, vor allem aber verleidet ein kühler Nordwestwind, der »Maestro«, ein Ausläufer des Mistral, die Fortbewegung auf zwei Rädern.

Wer seine Radtour mit einem Badeurlaub verbinden möchte, muß ohnehin einen späteren Zeitpunkt wählen. Erst im Juni hat sich das Meer soweit erwärmt, daß ein Bad auch durchschnittlich abgehärteten Personen empfohlen werden kann. Dann aber bleibt es bis in den Oktober hinein angenehm warm.

Aufgrund ihrer südlichen Lage und der Nähe zum Mittelmeer können auch Touren in den Abruzzen recht frühzeitig eingeplant werden. Ich habe alle dort beschriebenen Fahrten Ende April/Anfang Mai unternommen und ideale Wetterbedingungen vorgefunden. Wer ganz sichergehen möchte, sollte auch hier noch einige Wochen dazugeben.

Wenn bei der Urlaubsplanung dazu die Möglichkeit besteht, sollten die Monate Juli und August ausgespart werden. Dies gilt in erster Linie für die Toskana und Süditalien. Zum einen herrscht dann die größte Hitze – Temperaturen bis 40° sind dabei keine Seltenheit –, zum anderen, und wesentlich entscheidender, ist dies auch der Zeitpunkt der italienischen Ferien. Zum Besucherstrom aus dem Ausland gesellen sich noch die einheimischen Urlauber. Hotels, Campingplätze und Städte sind dann hoffnungslos überfüllt.

In den Abruzzen ist der Tourismus zwar noch nicht so ausgeprägt, die Badestrände am nahen Meer sind dennoch ausgelastet, und vor allem die Römer nutzen diese Zeit gerne zu Ausflügen ins Gebirge.

Der Zeitraum Mitte September bis weit in den Oktober hinein kann allgemein uneingeschränkt empfohlen werden.

Wer seine Unterkunft bereits vor Urlaubsbeginn buchen möchte, kann Prospektmaterial bzw. die Telefonnummern der örtlichen Fremdenverkehrsämter über das

> Staatliche Italienische Fremdenverkehrsamt
> E. N. I. T.
> Goethestraße 20
> 8000 München 2
> Telefon: 089/530369 oder 530360

anfordern.

Die gemachten Ausführungen gelten grundsätzlich auch für Elba. Mai und Juni sind hier die schönsten Reisemonate. Dann wird es erst wieder ab Mitte September und bis in den Oktober hinein von den Temperaturen aber auch vom Verkehrsaufkommen her zum Radfahren angenehm. In den Hauptreisemonaten verkehren die Fähren mehrmals stündlich. Außerhalb dieses Zeitraums muß mit Wartezeiten zwischen 2 und 3 Stunden gerechnet werden. Die Kosten für eine einfache Überfahrt (Pauschalen für Hin- und Rückfahrt werden im Regelfall nicht angeboten) liegen pro Person bei ca. 7 DM. Für ein Fahrrad werden ca. 5 DM verlangt. Teurer wird es, wenn die Anreise mit dem Auto erfolgt. Die Gebühren richten sich nach der Fahrzeuglänge und liegen bei »normalen« Mittelklassewagen mit 4,5 m Länge inklusive Einschiffungsgebühr bei ca. 55 DM. Mit Kfz erscheint in der Hauptreisezeit Vorausbuchung, die von jedem Reisebüro vorgenommen wird, unerläßlich. Die Überfahrt dauert 1 Stunde. Empfehlenswert ist es, die Rückreise von Elba zum Festland sofort nach Ankunft auf der Insel zu buchen. Da die Kapazität der Fährschiffe ausschließlich von der Anzahl der beförderten Kfz begrenzt wird, findet sich im Laderaum praktisch immer noch Platz für Fahrräder. Wer nur mit dem Rad unterwegs ist, bekommt deshalb, selbst zu Hauptreisezeiten auch kurzfristig einen Platz.

Tips: Gerät, Ausrüstung, Fahrverhalten

Fahrrad

Alle beschriebenen Touren können mit Rennrädern, Touren- oder Rennsporträdern unternommen werden, soweit diese über die entsprechenden Übersetzungsmöglichkeiten verfügen. Bei längeren Touren im Ausland sollte an Rennrädern grundsätzlich ein batteriebetriebenes Rücklicht angebracht werden. Die Befestigung ist problemlos am Sitzrohr möglich. Besser ist es, zudem noch einen batteriebetriebenen Scheinwerfer am Lenkervorbau zu montieren. Das Vorhandensein von Beleuchtung an Rennrädern wird in Italien, vergleichbar mit anderen europäischen Ländern, im Regelfall zwar nicht überwacht, bei unvorhergesehenen Fahrten in der Dämmerung oder in schwach oder gänzlich unbeleuchteten Tunnels ist damit jedoch ein erheblicher Sicherheitsfaktor gegeben.

Werden Schlauchreifen verwendet, sollte wegen der hohen Geschwindigkeiten bei Abfahrten das Aufkleben des Reifens der Befestigung mittels Klebeband vorgezogen werden. Führen Sie bei längeren Touren im Ausland grundsätzlich zwei Reservereifen mit. Einen gewissen Sicherheitsvorteil bieten auch Schlauchreifen mit einer Einlage aus Stahlgewebe, Kevlar oder ähnlichem zwischen Protektor und Karkasse, welche die Gefahr einer Reifenpanne mindern (beispielsweise Invulnerable oder Sp 1 von Wolber, Futur CX von Clement). Drahtreifen haben den Vorteil, im Falle eines Defekts mittels Flickzeug praktisch beliebig oft repariert werden zu können. Wenngleich sich hochwertige Drahtreifen mittlerweile den Schlauchreifen angenähert haben, besteht dennoch ein kleiner Vorteil bezüglich Gewicht und Rollwiderstand zugunsten der Schlauchreifen.

Wer sein Rad nicht regelmäßig nutzt und wartet, sollte dies zumindest rechtzeitig vor einer Urlaubstour tun. Überprüfen Sie Bremsgummis und Bremszüge, und wechseln Sie diese bei Verschleiß in jedem Fall aus. Überprüfen Sie auch die Schaltseile. Sichtbare Beschädigungen können vor allem dort auftreten, wo die Seile unter dem Tretlager am Rahmen aufliegen. An Rennrädern sollte ein Kettenwechsel – weniger wegen der Gefahr der Beschädigung, als vielmehr wegen einer reibungslosen Kraftübertragung – spätestens alle 3000 km erfolgen. Ein Reifenwechsel sollte vorgenommen werden, wenn größere Schnitte im Protektorstreifen (Lauffläche) zu sehen sind. Überprüfen Sie auch den Spannungszustand der Speichen an Vorder- und Hinterrad, und zentrieren Sie diese gegebenenfalls nach.

Ausrüstung

Für Rennradfahrer sind Radhose, Radtrikot und Radschuhe ohnehin obligatorisch. Allerdings sollten auch Tourenfahrer auf diese Ausrüstungsgegenstände nicht verzichten. Durch einen speziellen Ledereinsatz beugt eine Radhose Sitzbeschwerden vor. Auch Radtrikots besitzen durchaus Vorteile gegenüber T-Shirts. Sie bestehen in der Regel aus mehreren Schichten, die atmungsaktiv, nach außen windabweisend und nach innen schweißaufsaugend sind. Außerdem liegen sie eng an, flattern nicht und sind lang genug, um die Nierenregion zu schützen. Rückentaschen bieten zudem Platz für Gegenstände, die man gerne griffbereit aufbewahren möchte. Unterschätzt wird in den meisten Fällen der Wert der Radschuhe. Turnschuhe führen bei längeren Touren fast unweigerlich zu Fußbeschwerden. Zudem gewährleistet nur eine steife Sohle eine optimale Kraftübertragung auf das Pedal. Gehen ist mit Radschuhen allerdings kaum möglich. Hier sind Radtouringschuhe eine gute Alternative. Ihre Sohle ist ausreichend steif zum Fahren und dennoch biegsam genug, um damit auch längere Fußmärsche zu unternehmen.

Selbstverständlich sollte auch eine Regenjacke sicherheitshalber immer mitgeführt werden. Mehr Bedeutung kommt in den beschriebenen Gebieten allerdings der Kopfbedeckung zu. Bereits im Frühjahr ist die Sonnenstrahlung, vor allem zur Mittagszeit, sehr stark. Auch bei bedecktem Himmel und an dunstigen Tagen mit verschleiertem Himmel sollte man deshalb immer eine Radsportmütze tragen. Vergessen Sie auch nicht, sich rechtzeitig mit Sonnenschutzmittel einzureiben. Bei Zwei-Tages-Touren – eine Übernachtung in Hotels oder Pensionen vorausgesetzt – ist als Minimal-Ausrüstung eine komplette Garnitur Unterwäsche, 1 Paar Überschuhe, 1 lange Radhose, Socken, T-Shirt, Trikot sowie 1 Paar Turnschuhe, die notfalls auch in Pedalhaken passen, unerläßlich. Mit Verpflegung, einem Fotoapparat für Erinnerungs-Schnappschüsse, Werkzeug und einem kleinen Erste-Hilfe-Set sollte ein Gesamtgewicht von 5 kg nicht überschritten werden.

Bei Rennradlern stellt sich die Frage der Gepäckunterbringung. Die einfachste Lösung ist sicherlich ein Rucksack, doch können bei längeren Fahrten durch das zusätzliche Gewicht Sitzbeschwerden auftreten. Hier bieten sich eigens für Rennräder entwickelte Gepäckträger (zum Beispiel von Blackburn, Esge, Velta, Karimur und andere) mit zwei nicht zu großen Packtaschen als Lösung an. Sie werden mit zwei Laschen oberhalb des Bremssteges um die Sitzstreben und mit einer speziellen Verschraubung im dreieckigen Auge der hinteren Ausfallenden angebracht. Aus Sicherheitsgründen sollten sie dreifach verstrebt sein.

Auch bei noch so sorgfältiger Wartung und Kontrolle sind Speichenrisse und Reifenpannen nicht zu vermeiden. Führen Sie bei längeren Touren im Ausland am besten immer zwei Ersatzreifen mit. Bei Drahtreifen sollte neben Montagehebel und Flickzeug auch ein Ersatzschlauch mitgenommen werden. Bei längeren Touren, gerade im Ausland, erscheint mir die Mitnahme eines Nippelspanners, von Ersatzspeichen und dem für das jeweilige Fabrikat entsprechenden Zahnkranzabzieher unerläßlich. Nippelspanner und Abzieher haben in jeder Reifentasche noch Platz. Die Speichen können mittels Klebeband am Sitzrohr befestigt werden. Wer dann auch noch den als Hebel für den Abzieher notwendigen Schraubenschlüssel so weit kürzt, daß dieser ebenfalls in der Reifentasche Platz findet, wird jeder Situation gerecht. Will man auf das zusätzliche Gewicht des Schraubenschlüssels verzichten, kann man sich diesen auch an Tankstellen oder bei hilfreichen Autofahrern erbitten.

Zumindest ein Nippelspanner sollte sich eigentlich immer in der Reifentasche befinden. Auch ohne sofortigen Speichenwechsel ist dann ein provisorisches Auszentrieren möglich, um die Tour zumindest noch bis zur nächsten Werkstatt fortsetzen zu können.

Fahrverhalten

Beginnen Sie Touren mit Steigungen lieber zu langsam als zu schnell, und verwenden Sie bei Fahrten mit Gepäck eher einen größeren Gang als einen zu kleinen, um gegen Ende der Tour noch Reserven zu haben. Achten Sie stets darauf, ausreichend Flüssigkeit zu sich zu nehmen. Wichtig ist auch die Nahrungszufuhr. Halten Sie deshalb bei längeren Touren öfter an, und nehmen Sie dabei etwas kohlenhydratreiche Verpflegung, zum Beispiel Bananen, Fruchtschnitten, Trockenobst oder Müsliriegel, zu sich. Für die Weiterfahrt belasten diese nicht allzusehr und beugen zudem plötzlichem Leistungsabfall und dem gefürchteten »Hungerast« vor.

Vor der Fahrweise der Autofahrer in italienischen Großstädten möchte ich Sie warnen. Ihre Erfahrungen müssen Sie allerdings selbst machen. Fahren Sie bewußt defensiv, und meiden Sie nach Möglichkeit größere Städte und vielbefahrene Straßen. Der Straßenzustand ist in allen beschriebenen Gebieten als gut zu bezeichnen. Seien Sie bei Abfahrten dennoch so vorsichtig wie möglich. Setzen Sie die Geschwindigkeit durch Aufrichten des Oberkörpers zusätzlich herab, und lockern Sie vor jeder Abfahrt die Pedalriemen. Halten Sie die Hände stets bremsbereit am Lenker. Bei Abfahrten kann bereits ein kleiner Stein auf der Straße, den man übersieht, fatale Folgen haben. Eine nicht zu unterschätzende Gefahr bilden gerade in kleineren Dörfern Italiens Hunde, die plötzlich vor das Fahrrad laufen können.

Einen wirksamen Schutz vor Kopfverletzungen bei Stürzen bietet nur ein Schutzhelm. Über einem schweißaugenden Stirnband getragen, sollte man auch bei größter Hitze nicht darauf verzichten.

Erläuterungen zu den Kurzangaben

Strecke
Die Angabe der wichtigsten Ortsnamen soll als Groborientierung dienen.

Charakter
Neben der Angabe der Höchststeigung erfolgt eine Unterteilung in die Schwierigkeitsgrade »leicht«, »mittelschwer« und »schwer«. Da eine Einteilung der Schwierigkeitsgrade allein aufgrund objektiver Merkmale, wie etwa Streckenlänge, Höhendifferenz oder Höchststeigung, nicht möglich ist, wurde dabei in erster Linie berücksichtigt, welche Anforderungen die Tour in ihrer Gesamtcharakteristik an die Kondition des Fahrers stellt.

Leichte Radtour: Es werden weder aufgrund der Streckenlänge noch der zu bewältigenden Höhenunterschiede besondere Anforderungen an die Kondition gestellt. Die Höchststeigung beträgt in der Regel nicht über 10%, wobei längere flachere Abschnitte immer wieder ausreichend Erholung und ein zügiges Vorwärtskommen ermöglichen. Die reine Fahrzeit überschreitet 2 bis 3 Stunden nicht. Aufgrund ihrer Gesamtcharakteristik kann die Tour auch ohne regelmäßiges Training bewältigt werden.

Mittelschwere Radtour: Ihre Befahrung setzt bereits eine gewisse Grundkondition und Vorbereitung voraus. Steigungen von 10% und darüber sind auch über längere Streckenabschnitte zu bewältigen. Die reine Fahrzeit beträgt meist über 3 Stunden, wobei Höhenunterschiede bis zu 1500 Höhenmeter zu bewältigen sind.

Schwere Radtour: Ausgezeichnete Kondition und ein regelmäßiges Training sind für ein gutes Gelingen unabdingbare Voraussetzungen. Lange Distanzen mit Höhenunterschieden bis zu 2000 Höhenmetern und darüber sind dabei innerhalb einer Etappe zu bewältigen. Die reine Fahrzeit überschreitet meist 4 Stunden. Mindestens 2000 Trainingskilometer, erprobtes Material und entsprechende Erfahrung sollten für die Bewältigung schwerer Radtouren selbstverständliche Voraussetzungen sein.

Zeit
Bei der ersten der beiden genannten Zeitangaben handelt es sich um die von mir benötigte reine Fahrzeit ohne Pausen. Konditions-

starke Fahrer können diese Zeit sicherlich unterbieten. Gefahren wurde mit einem Rennrad, bei Ein-Tages-Touren ohne Gepäck, bei längeren Unternehmungen mit einem Rucksack, dessen Gewicht nicht mehr als 5 kg betrug. Als Faustregel empfiehlt es sich, für reine Fahrzeiten bis zu 3 Stunden mindestens ½ Stunde an Pausen für Nahrungsaufnahme, Kartenstudium oder Kleiderwechsel hinzuzurechnen.

Die zweite Zeitangabe ist ein Wert, der auch von Tourenfahrern mit 15 oder mehr kg Gepäck erreicht werden kann. Die beiden Zeitangaben sind als Richtwerte zu sehen, innerhalb derer die Bewältigung der Tour jedermann möglich sein müßte.

Länge

Sie gibt die Streckenlänge vom Ausgangs- bis zum Endpunkt an. Es handelt sich hierbei nicht um eine reine Berechnung anhand von Karten, sondern um die von mir mittels eines Fahrradtachos tatsächlich gemessene Strecke. Sie kann deshalb geringfügig von offiziellen Kilometerangaben abweichen.

Höhendifferenz

Grundsätzlich wurde diese aufgrund offizieller Angaben in Karten und Führern errechnet. Kleinere Anstiege und Abfahrten ohne wesentlichen Höhenunterschied wurden dabei nicht berücksichtigt. Bei stark profilierten Streckenabschnitten mit ständigen Auf- und Abfahrten zwischen zwei Berechnungspunkten führt dies allerdings zu verfälschten Ergebnissen. Hier wurde der tatsächliche Höhenunterschied mittels Schätzungen angepaßt.

Übersetzung

Die Angaben beziehen sich auf die von mir gefahrene kleinste Übersetzung. So bedeutet 42/23, daß ich zur Bewältigung der Tour neben dem 42er Kettenblatt vorne als größtes Ritzel hinten eines mit 23 Zähnen benötigte. Da die richtige Übersetzung sehr stark von den körperlichen Voraussetzungen sowie dem Trainingszustand des Fahrers abhängig ist, wurden, soweit dies notwendig erschien, zwei Ritzelangaben gemacht. In diesem Fall ist das Vorhandensein bzw. die Benützung des größeren Ritzels dringend anzuraten. Bei 6-Gang-Zahnkränzen können beispielsweise mit der Abstufung 13-15-18-21-23-26 alle Touren bewältigt werden. Zwischenzeitlich ermöglichen Zahnkränze mit 7 oder sogar 8 Ritzeln eine noch engere Abstufung.

Für Tourenfahrer mit viel Gepäck empfiehlt sich eine Abstufung 14-17-20-23-26-28 (bei 6-Gang-Zahnkränzen), wenn nicht ohnehin ein Dreifach-Kettenblatt, das Übersetzungen bis fast 1:1 ermöglicht, benutzt wird.

Ausgangspunkt
Hier sind Name und Höhenangabe des jeweiligen Ortes vermerkt.

Karte
Am günstigsten erscheinen für Planung und Durchführung von Radtouren in Italien die Straßenkarten von KÜMMERLY + FREY, Maß-
stab 1:200000. In Verbindung mit den Streckenbeschreibungen
und Skizzen in diesem Buch gewährleisten sie nicht nur einen
umfassenden Überblick über die Tour, sondern auch ein sicheres
Auffinden der Route.

Hinweis: Wer vor Fahrtantritt Auskünfte über die Befahrbarkeit von
Paßstraßen, etwa in den Abruzzen, einholen möchte, kann dies bei
folgenden Informationsdiensten tun:

Deutschland	ADAC München	Telefon: 089/505061
Italien	ACI Bozen	Telefon: (0039) 471/300 04

Aufgrund der klimatischen Bedingungen bestehen offizielle Winter-
sperren von Straßen oder Pässen in den beschriebenen Gebieten
nicht. Auch höhergelegene Straßen oder Pässe, z.B. in den Abruzzen, sind in aller Regel bereits ab April schneefrei.

Toskana

1 Die Toskana von Nord nach Süd, 1. Abschnitt

Emilia Romagna/Toskana

Strecke Bologna – Raticosapaß – Futapaß – Florenz	**Länge** 100,5 km
	Höhendifferenz 1200 m
Charakter Mittelschwere Radtour mit maximal 11% Steigung von Bologna nach Florenz	**Übersetzung** 42/23–26
	Ausgangspunkt Bologna (54 m)
Zeit 4½–6 Stunden	**Karte** Kümmerly + Frey 1:200000, Blatt 7 Toskana

<u>Streckenbeschreibung</u> Der Reisende aus dem Norden, der die Lombardische Ebene durchquert hat und nicht direkt an die Ligurische Küste will, wird Bologna als Ausgangspunkt für seine Fahrt in die Toskana wählen. Die Autostrada del Sole mit ihren zahlreichen Viadukten und Galerien oder die Staatsstraße Nr. 325, die größtenteils neben der Autobahn verläuft, bringt den motorisierten Verkehrsteilnehmer rasch über die Höhen des Apennin. Der Radler aber entscheidet sich für die dritte Möglichkeit: die alte Straße über den Futapaß, einen der schönsten Durchstiche von der Emilia Romagna in die Toskana; kurvenreicher und beschwerlicher zwar, dafür aber eindrucksvoller und verkehrsärmer.

Die Industriestadt Bologna (km 0,0) überrascht mit einer sehenswerten Altstadt mit vielen grünen Parkanlagen. Blaue Hinweisschilder mit der Aufschrift »Futa SS 65« zeigen den Weg aus der Stadt, die man über den Vorort Rastignano verläßt. Der Apennin, der sich unmittelbar hinter der Stadt erhebt, gibt sich mit eher unscheinbaren grünen Hügeln anfangs zahm, und auch die Straße verläuft noch recht eben. Sich nunmehr immer an die Beschilderung »Firenze« haltend, wird ein schmales Eisenbahntunnel (km 7,0) durchfahren, und die Straße steigt an. Mehr als 6% beträgt die Steigung nicht, sie liegt meist weit darunter, und schon in Pianoro (km 9,0) rollt es wieder eben dahin. Langsam offenbart uns der Apennin den herben Charakter seiner zerklüfteten Bergrücken, bis obenhin mit dichter Vegetation bedeckt, die diesen Teil allerdings auch als den niederschlagsreichsten Italiens ausweist. Eine kurze Abfahrt aus dem Ort, dann nimmt die Steigung über zwei Kehren bis auf 11% zu und geht bis Livergnano (km 18,0) kaum einmal unter 6% zurück. Wieder eine kurze Abfahrt aus dem Ort, mäßig steigt die Straße an, um sich dann in engen Kurven lange eben entlang eines der zahllosen Hügelrücken zu halten. Es ist der vielleicht schönste Abschnitt des gesamten

N
Bologna
Rastignano
Pianoro
Livergnano
Sabbioni
Loiano
Monghidoro
Raticosapaß
Pietramala
Covigliaio
Traversa
Futapaß
Sieve
Carza
Prato
Pratolino
Arno
Florenz

Hm
1000
750
500
250
Raticosapaß 968
Futapaß 903
Loiano 714
Covigliaio 831
Pratolino 476
Vaglia 275
Florenz 128
Bologna 54
10 20 30 40 50 60 70 80 90 100 110 Km
29,5
44,0
50,5
57,0
83,5
90,5
100,5

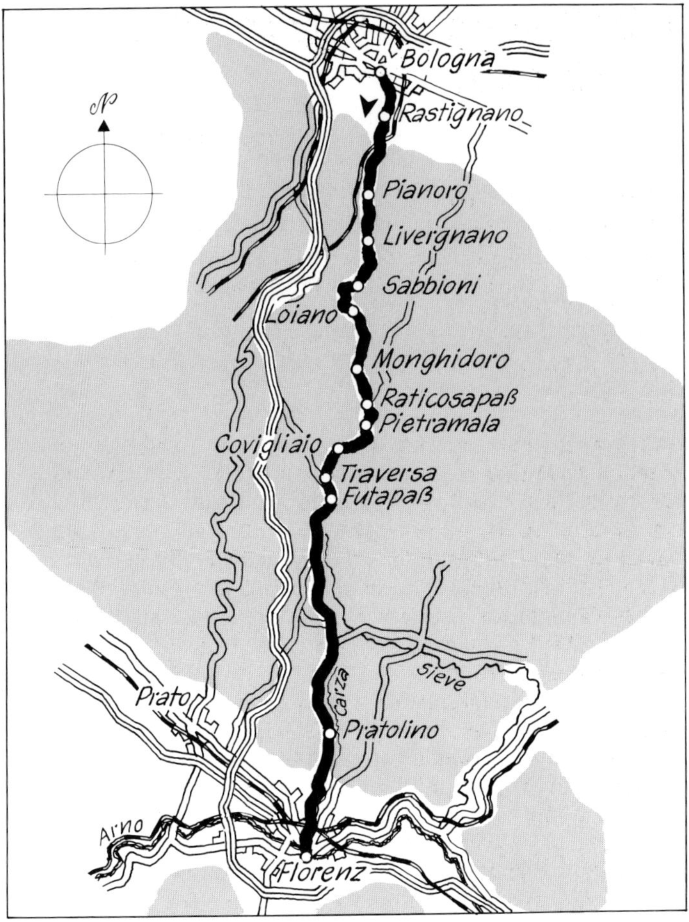

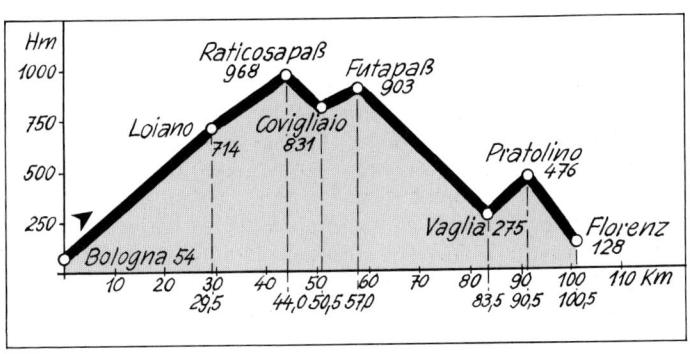

Apennin, der die Halbinsel, zum Teil in einzelne Massive aufgelöst, in der ganzen Länge durchzieht; schwer zugänglich, wenig besiedelt und weitgehend naturbelassen. In Sabbioni (km 25,5) zieht die Straße anfangs etwas gemäßigter, dann auf 8% zunehmend wieder bis Loiano (km 29,5) aufwärts. Rotes Kopfsteinpflaster begleitet unsere Durchfahrt, und die Schilder am linken Straßenrand, die den nächsten Ort anzeigen, informieren gleichzeitig über die restlichen km bis Florenz. Steigungen bis 6%, meist jedoch weit darunter, bringen uns nach Monghidoro (km 41,0), wo man nach einer kurzen Abfahrt nicht nur die Emilia Romagna verläßt und in die Region Toskana einradelt, sondern auch den letzten Teil des Anstiegs zum Raticosapaß, dem höchsten Punkt unserer Tour, beginnt. Die Paßhöhe (km 44,0) ist bei 10%iger Steigung bald erreicht, außer einem zunehmenden Nadelwaldanteil in den Mischwäldern neben der Straße landschaftlich aber keine Veränderung feststellbar. Schon bald hinter Pietramala (km 45,0) unterbricht ein kurzer 11%iger Gegenanstieg die steil mit 12% abfallende Straße, und bis Covigliaio (km 50,5) verliert man nur wenig Höhe. Der kleine Ort wartet mit kurzen 10%igen Aufschwüngen, die am Ortsende auf 8% zurückgehen, auf, bevor man bei Traversa (km 55,0) wieder länger abfahren kann. Noch ist der Anstieg zum Futapaß (km 57,0) zu bewältigen, der sich anfangs in längeren Steigungen bis 8%, dann in kürzeren Aufschwüngen bis 10%, immer wieder von flacheren Stücken unterbrochen, vollzieht. Hat man diese Hürde genommen, liegt nicht nur eine lange Abfahrt, allerdings wieder von kurzen Gegenanstiegen mit Steigungen bis 11% unterbrochen, vor uns; auch der Wechsel in einen mediterranen Vegetationsraum ist an den Ölbäumen, Zypressenreihen und Olivenhainen unverkennbar. Im Talboden des Sieve angelangt, rollt man langsam aus, ein Schild (km 73,5) zeigt eine 10%ige Steigung an, die uns nach etwa 400 m in das Tal der Carza führt. Die zunehmenden Werbetafeln an den Straßenrändern deuten an, daß das Ziel, dem man sich, von einer längeren 6%igen Steigung abgesehen, auf meist ebener Trasse nähert, nicht mehr weit sein kann. Vor Pratolino (km 90,5) nimmt die Steigung auf einer Länge von fast 2 km dann allerdings nochmals auf 10% zu, bevor man durch die engen Straßen der nördlichen Vororte bis zum Ortsschild von Florenz (km 100,5) nur noch abwärts rollt.

2 Die Toskana von Nord nach Süd, 2. Abschnitt

Strecke Florenz – Strada in Chianti – Greve in Chianti – Castellina in Chianti – Siena	**Länge** 59 km
	Höhendifferenz 650 m
	Übersetzung 42/23–26
Charakter Leichte bis mittelschwere Radtour mit maximal 12% Steigung von Florenz nach Siena	**Ausgangspunkt** Florenz (128 m)
Zeit 2½–3¼ Stunden	**Karte** Kümmerly + Frey 1:200000, Blatt 7 Toskana

<u>Streckenbeschreibung</u>   Schon der zweite Tag der Reise führt uns mitten hinein in das Zentrum der Toskana: in das wellige Land zwischen Florenz und Siena, diese Bilderbuchlandschaft mit ihren Rebenhügeln, den langen Zeilen hochstämmiger Zypressen, trapezförmiger Felder, ausgewogener Bauernhäuser und malerischer Dörfchen. Eine Landschaft, die mit ihren ständig sich verändernden, aber nie intensiven Farben genau den Eindruck vermittelt, den man mit dem Begriff Toskana verbindet.

Eine Reihe von Straßen führt von Florenz nach Süden ins Chianti-Land. Aber, da sich Autobahn und Superstrada für uns von selbst verbieten, bleibt eigentlich nur noch eine Route über: die Straße mit der Nr. 222, die Chianti-Straße schlechthin und deshalb auch Chiantigana genannt. Macht man sich in Florenz (km 0,0) auf die Suche nach der richtigen Ausfahrt, offenbart uns die 1986 zur europäischen Kulturmetropole ausgerufene Stadt erst einmal die Kehrseite der Medaille: kein einziger Radweg, dafür ein beängstigendes Verkehrsaufkommen. Wer mit dem Auto anreist, kann sich dies ersparen, wenn er die Autobahn über die Ausfahrt »Firenze-Sud« verläßt, andernfalls ist man gezwungen, so lange den Arno flußaufwärts zu fahren, bis man auf die blauen Hinweisschilder mit der Aufschrift »Greve-Siena« stößt. Verliert man diesen Wegweiser im Straßengewirr aus den Augen, sind auch die Hinweise »Bagno a Ripoli« und »Grassina« hilfreich. (Nicht den Hinweisschildern mit der Aufschrift »Siena« alleine folgen, sie führen auf die Via Cassia, eine Superstrada, über die der ganze Lastwagenverkehr nach Siena donnert.) Hat man die Autobahn in der Nähe der Anschlußstelle Firenze-Sud dann unterfahren, trifft man an der nachfolgenden Kreuzung erstmals auf die Beschilderung »A 222«. Eben geht es bis Grassina (km 2,0), und mit dem 6%igen Anstieg aus dem Ort heraus läßt man auch die Hektik der Großstadt hinter sich. Bald danach geht auch die Steigung zurück, und ringsum breitet sich kultiviertes Bauernland aus. Bis Strada in Chianti (km 10,0) hält sich die Straße noch weitgehend eben, aber schon hinter Chiocchio (km 14,0) werden die Steigungen länger und erreichen, von flacheren Abschnitten unterbrochen, sogar Spitzen bis zu 12%. Nicht allzulange (km 15,5) währt dieser Anstieg; bis Cresci (km 18,5) fährt man über mehrere Kehren ab und erreicht auf ebener, von breitschirmigen Pinien gesäumter Straße Greve in Chianti (km 20,5). Bald nach dem Ort nimmt die Steigung wieder zu und zieht mit gleichmäßigen 6% lange bis Panzano in Chianti (km 28,5) nach oben. Waren die Hügel bisher sanft gerundet, so vertiefen sich nun die Einschnitte, und als Gegenstück zur Auffahrt rollt es bei gleichmäßigem Gefälle in einen dieser Einschnitte hinab. Ein Brücklein bedeutet das Ende der Abfahrt (km 33,5), und an einem kleinen Gehöft vorbei steigt die Straße wieder an. Gleichmäßige 8% beträgt die Steigung des grobkörnigen Asphaltbandes, das sich zu einer einsam gelegenen Trattoria (km 38,0) auf einem Bergrücken hochschwingt. Dem aufmerksamen Betrachter, der auf dieser Kuppe entlangradelt, wird dabei nicht entgehen, daß die Äcker und Weinberge langsam von Gestrüpp und Wald verdrängt werden. Von der vor uns auftauchenden Ortschaft Castellina in Chianti (km 41,0) trennen uns dann nur noch eine kurze Abfahrt und ein ebensolcher Anstieg. Die ständigen Aufstiege und Abfahrten haben uns inzwischen auf eine Höhe von 600 m gebracht. Weit überblickt man deshalb auf wieder abfallender Straße die Landschaft, deren Hügel niedriger sind, das Land somit flächiger, nicht mehr so dicht gedrängt wie bisher erscheinen lassen. Bald begleiten unsere Abfahrt, die erst kurz vor Quercegrossa (km 52,5) endet, wieder Weinberge und Olivenhaine, und im Ort biegt die Straße scharf Richtung Siena ab. Das leichte Auf und Ab der Strecke setzt sich bis zu dem Ampelanlagen am Stadtrand von Siena (km 59,0) fort, dessen Häuser sich vor unseren Blicken größtenteils hinter kleinen Hügeln verstecken.

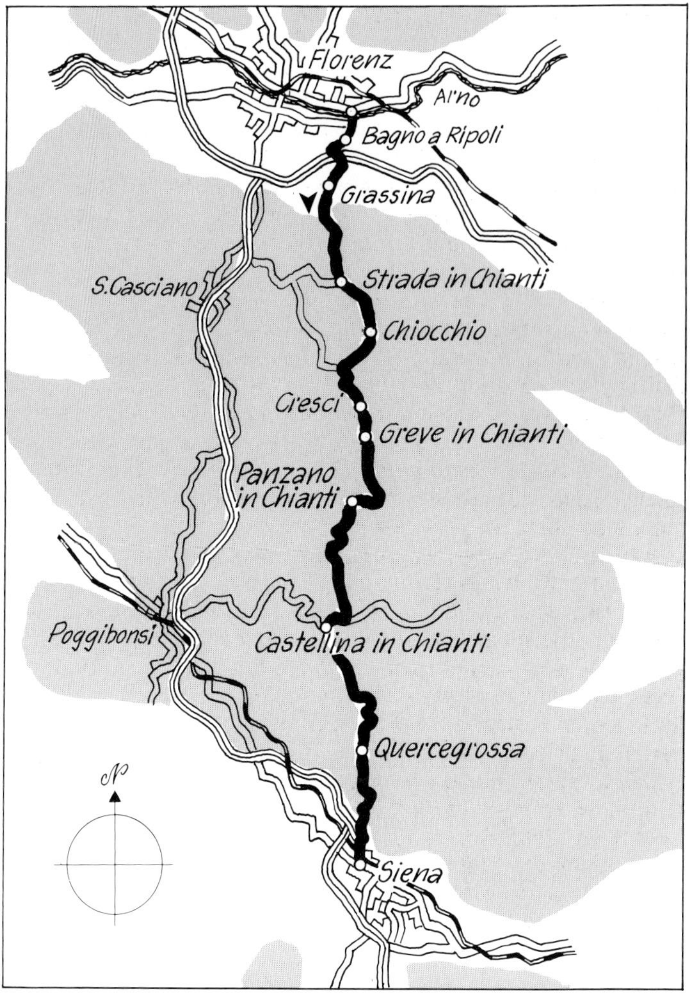

Florenz

Al'no

Bagno a Ripoli

Grassina

Strada in Chianti

Chiocchio

S.Casciano

Cresci

Greve in Chianti

Panzano
in Chianti

Poggibonsi

Castellina in Chianti

Quercegrossa

Siena

N

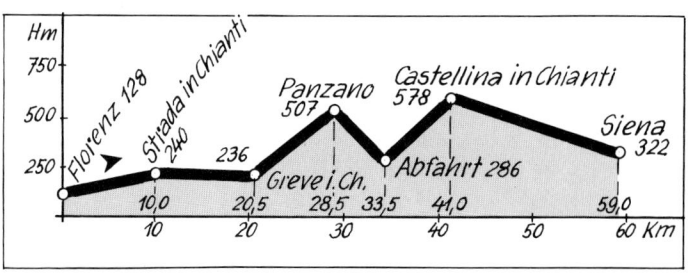

Hm
750
500
250

Florenz 128
Strada in Chianti 240
236
Greve i.Ch.
Panzano 507
Castellina in Chianti 578
Abfahrt 286
Siena 322

10,0   20,5   28,5   33,5   41,0   59,0

10   20   30   40   50   60 Km

3 Die Toskana von Nord nach Süd, 3. Abschnitt

Toskana

Strecke Siena – Rosia – Monticiano – Roccastrada – Grosseto	**Länge** 85 km
	Höhendifferenz 600 m
Charakter Leichte bis mittelschwere Radtour mit maximal 8% Steigung von Siena nach Grosseto	**Übersetzung** 42/21–23
	Ausgangspunkt Siena (322 m)
Zeit $3\frac{1}{2}$–$4\frac{1}{2}$ Stunden	**Karte** Kümmerly + Frey 1:200000, Blatt 7 Toskana

<u>Streckenbeschreibung</u> Auch am dritten und letzten Tag unserer Toskana-Durchquerung erwarten uns wieder Gegensätze, die diese Reise so reizvoll, nie eintönig oder langweilig machen. Vom Hügelland des Chianti geht es durch die Colline Metallifere, die »erzhaltigen Hügel«, in die Maremma, wie das Küstengebiet von Livorno bis weit hinunter über die toskanische Grenze hinaus, bis Civitavecchia im römischen Latium, bezeichnet wird. Obwohl sich schon die Medici im 16. und die Habsburger im 18. Jahrhundert um die Urbarmachung dieses Landstrichs bemühten, war die Maremma noch vor 50 Jahren eine der unwirtlichsten Gegenden Italiens. Heute ist es eine fruchtbare, von Entwässerungskanälen durchzogene Landschaft, deren ursprüngliche Schönheit sich vor allem in den Naturparks von Uccellina, unweit von Grosseto an der Küste, oder in den Bergen der Alta Maremma, mehr im Landesinneren gelegen, offenbart.

Man verläßt die Dreihügelstadt Siena (km 0,0) der Beschilderung »Grosseto« folgend, biegt aber unmittelbar nach dem Ortsende auf die Staatsstraße Nr. 73 ab, die man kurz Richtung Arezzo radelt. Mit Überqueren der Autobahn verläßt man auch diesen Hinweis und hält sich an die geradeaus Richtung »Rosia/Roccastrada/Massa Marittima« weisenden Schilder. Mit 6% steigt die Straße bis Costafabbri (km 1,5) an und fällt dann bis Costalpino (km 2,5) wieder ab, wo man der Beschilderung »Roccastrada« folgend den Weiterweg nicht mehr verfehlen kann. Eine leichte Abfahrt bringt uns in eine breite, von mehreren Flüssen durchzogene Schwemmlandebene, und bis Rosia (km 12,0) lohnen die wenigen kurzen Aufschwünge kaum zum Anhalten. Der fast ebene Streckencharakter setzt sich fort, und die Straße taucht in die grüne Hügelkette ein, die die Tiefebene nach Westen hin abschließt. Es sind die Ausläufer der Colline Metallifere, kaum 500 m hohe Hügel, bis obenhin mit Busch-

Siena
Costafabbri
Costalpino
Colline Metallifere
Rosia
Frosini
Feccia
Monticiano
Torniella
Monte Alto
Roccastrada
Sticciano
Braccagni
Ombrone
N
Grosseto

Hm
750
500
250
Siena
322
Rosia 205
Hotel Montebelle
436
Abfahrt
265
Roccastrada
475
Sticciano
20
Grosseto 10
10
20
30
40
50
60
70
80
90 Km
12,0
20,5
29,5
55,0
69,5
85,0

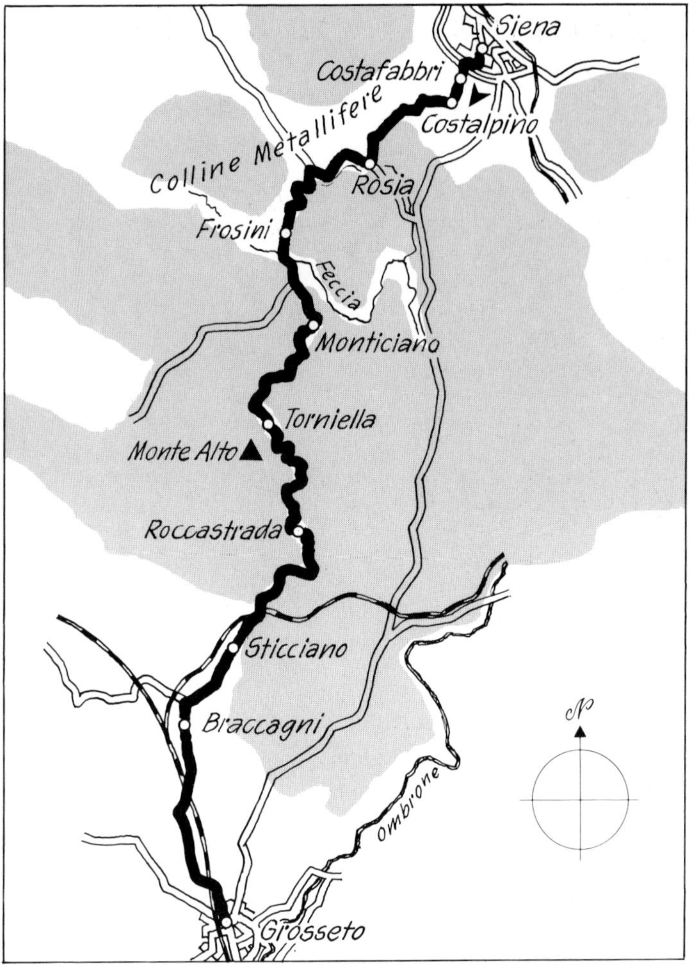

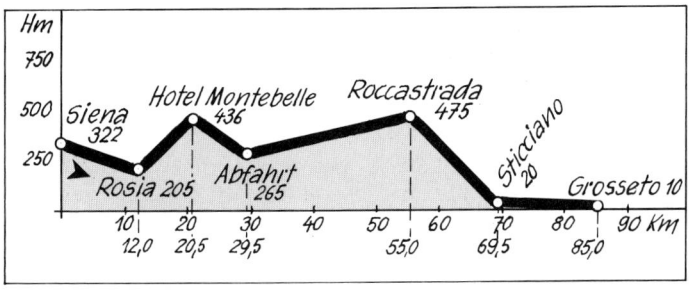

werk bedeckt. Fast eben hält sich die Straße entlang der gemächlich dahinfließenden Rosia bis zu einer kleinen Fabrik (km 16,5). Die Steigung nimmt auf 4% zu, an der Abzweigung nach Colle di Val d'Elsa vorbei geht das Buschwerk zurück, dafür zieht die Steigung bis zum Hotel Montebelle (km 20,5) bis auf 6% an. Rückblickend zeigen nur vereinzelte kleine rotbraune Felsflächen, daß sich unter den Büschen erzhaltiges Gestein verbirgt. Wir radeln über weite Kehren, vorbei an Frosini (km 23,5) mit seinem alten Kastell, in den Talboden des Flüßchens Feccia hinunter. Mit dem Überqueren der Feccia (km 25,0) endet die Abfahrt, ausgedehnte Rapsfelder beherrschen das Landschaftsbild, aber weit vor uns bauen sich schon höhere Hügelketten auf. Eben verläuft die Trasse im Talboden, an zwei Straßenkreuzungen hält man sich an die Beschilderung »Roccastrada« bzw. »Grosseto«, und mit der Commune di Monticiano (km 29,5) nimmt auch die Steigung bis zur gleichnamigen Ortschaft (km 32,0) auf.5% zu. Vor uns liegen die Hügel der Alta Maremma, die sich um den knapp 800 m hohen Monte Alto ausdehnen, ein einsames Waldgebiet, das wegen seines Wild- und Fischreichtums bei Jägern und Fischern sehr beliebt ist. Lange, meist mäßige Anstiege, die kaum einmal 6% erreichen, wechseln nun mehrmals mit ebensolchen Abfahrten ab, bevor das Dickicht neben der Straße unvermittelt den Blick auf Torniella (km 45,0) freigibt, das kurz darauf erreicht wird. Um den Ort herum hält sich die Straße lange eben, verläuft dann bei einigen verfallenen Steinhütten (km 49,0) leicht bergab, um nach einem weiteren ebenen Straßenstück noch einmal kurz zu einem verfallenen Straßenwärterhäuschen (km 54,0) anzusteigen. In Roccastrada (km 55,0) breitet sich das leicht gewellte, fruchtbare Hinterland der Küste unter uns aus, in das uns eine fast 8 km lange genußvolle Abfahrt mit leicht geschwungenen Kurven hinabführt. Dann geht das Gefälle zurück, ein Waldgürtel mit efeuumrankten Stämmen wird durchfahren, und breitkronige Pinien bilden eine Allee, die uns auf brettebener Strecke bis Sticciano (km 69,5) begleitet. Weiter zieht sich die Straße nun eben durch dieses Acker- und Weideland, hin und wieder sind weiße, hochgehörnte Büffel in den Gehöften neben der Straße zu erkennen, bis mit Überqueren der Eisenbahnschienen (km 75,5) diese Idylle endet. An der folgenden Kreuzung hält man sich trotz des rechts nach Grosseto weisenden Hinweisschildes links Richtung »Braccagni« und erreicht die Staatsstraße Nr. 1, die Via Aurelia; noch früh genug, um die restlichen km bis Grosseto (km 85,0) gemeinsam mit dem hier vorherrschenden starken Verkehr zurücklegen zu müssen.

4 Von Florenz ins Mugello

Strecke Fiesole – Vetta-le-Croci-Paß – Borgo San Lorenzo – Vicchio – Dicomano – Sagginale – Vetta-le-Croci-Paß – Fiesole	**Länge** 76 km
	Höhendifferenz 600 m
	Übersetzung 42/21–23 (oder 26–28)
Charakter Mittelschwere Radtour mit maximal 8% (oder alternativ 18%) Steigung ins Gebiet der Medici	**Ausgangspunkt** Fiesole (343 m), ca. 2 km nördlich von Florenz
Zeit 3–4½ Stunden	**Karte** Kümmerly + Frey 1:200 000, Blatt 7 Toskana

<u>Streckenbeschreibung</u> Nördlich von Florenz liegt das Mugello, wie das von sanften Hügeln umgebene Tal des oberen Sieve zwischen Borgo San Lorenzo und Dicomano, wo die Sieve in einem scharfen Knick dem Arno zufließt, genannt wird. Durch die hohen Berge des Apennin gegen Norden abgeschirmt, zeichnet sich das fruchtbare Tal, dessen Name sich vom Ligurer-Stamm der Mucelli ableitet, durch ein mildes Klima aus. Gärten und Villen, Bauerndörfer, Ackerland und Weinhänge wechseln hier mit kastanien- und eichenbewaldeten Bergkämmen und von Ginster- und Macchiengebüsch überzogenen Hügeln ab. Das vornehme Adelsgeschlecht der Medici, untrennbar mit der Geschichte der Toskana verbunden, kam aus dem Mugello, und auch heute noch gilt, wer es in Florenz zu Wohlstand gebracht hat, kauft sich ins Mugello ein. Eine Radtour in dieses Gebiet darf deshalb keinesfalls fehlen, zeigt sich doch hier nicht so sehr die typische Bilderbuch-Toskana, sondern die Vielfalt der toskanischen Landschaften.

Als Ausgangspunkt unserer Tour bietet sich das nördlich an Florenz angrenzende Fiesole an. Auf dem Sattel eines Bergrückens gelegen, ist diese Stadt zwar älter als Florenz, aber schon 1115 aus nichtigem Anlaß von Florentiner Truppen zerstört, konnte es keine wirtschaftliche Bedeutung mehr entfalten und ist heute eher ein Villenvorort von Florenz. Das Schönste an Fiesole ist zudem die etwa 2 km lange Auffahrt auf 8%iger breiter, kurviger Straße von Florenz aus, die hübsche Rückblicke auf das Häusermeer im Talkessel des Arno zuläßt. Fiesole (km 0,0) verläßt man der Beschilderung »Olmo« folgend, worauf uns eine wellige, ständig leicht ansteigende und abfallende Straße ins Hinterland von Florenz führt. Zypressen und Weingärten an den sanften, teils bewaldeten Hügeln der Umgebung begleiten uns. An einer großen Straßenkreuzung (km 9,0) folgt man der Beschilderung »Borgo San Lorenzo«. Kurz steigt die Straße noch auf 9% an, die Gemeindegrenze von Fiesole wird verlassen, und eine kleine Bergkuppe deutet den Vetta-le-Croci-Paß (km 9,5) an. Fast scheint es, als ob mit der nachfolgenden Abfahrt auch die Toskana hinter uns zurück bliebe. Ein dicht mit Bäumen bestandenes, breites Tal bietet dem Auge keine Abwechslung, und lange fällt die Straße bis Faltona (km 19,5) ab. Weit öffnet sich vor uns der Talboden des Mugello, und eben rollt es bis zum Ortsanfang von Borgo San Lorenzo (km 24,0), einem Zentrum für Ziegelbrennereien und Kunstkeramik. Die Sieve wird überquert und der Beschilderung »SS 551/Pontassieve« folgend die Stadt nur am Rande berührt. Auf kaum einmal merklich ansteigender Straße rollt es nun am Fluß entlang talauswärts. Es ist eine ruhige Bauernlandschaft ohne spektakuläre Landschaftsszenerien, in der großflächig Landwirtschaft betrieben wird, wobei vor allem Oliven, Zuckerrüben und Tabak angebaut werden. Hinter Vicchio (km 33,5) steigt die Straße erstmals kurz auf 6% an; Raps-, Gerste- und Weizenfelder sind zu erkennen, bevor man bis Dicomano (km 38,5) abwärts rollt. Hält man sich hier an die Beschilderung »Florenz«, trifft man gleich darauf auf den Schwerlastverkehr der Staatsstraße Nr. 67. Folgt man der unmittelbar nach den ersten Häusern des Ortes spitzwinklig Richtung »Sagginale« abzweigenden Straße, erwartet uns am südlichen Ufer des Sieve ein anfangs durch die vielen Ausbesserungsarbeiten ruppiges, aber wenig befahrenes Sträßchen. Die Entscheidung dürfte leicht fallen, und auf hin und wieder etwas ansteigender und abfallender Trasse erreicht man bald Pontevicchio (km 48,5) und damit bessere Straßenverhältnisse. Auf weiterhin unschwieriger Strecke radeln wir durch Sagginale (km 52,5) und treffen bei einer Kreuzung vor Borgo San Lorenzo (km 56,5) wieder auf unsere Anfahrtsstrecke. Hier allerdings hat man nochmals zwei Alternativen zur Auswahl. Die Rückfahrt durch das Mugnonetal, von der Anfahrt her bekannt, wartet nun mit einer meist leicht, aber lange ansteigenden Straße auf uns. Wer knapp 400 m vor der Kreuzung dem Hinweis »Salaiole« folgt – eine Kirche am Straßenrand bildet einen Anhaltspunkt –, radelt auf anfangs fast ebener Trasse bis Poggiolo Salaiole (km 60,5). Dann aber steilt sich die Straße völlig überraschend und auf einer Länge von fast 2 km, nur von kurzen flacheren Stücken unterbrochen, bis auf 18% auf, bevor sie in die Anfahrtsstrecke (km 64,5) mündet. Bald darauf ist der Vetta-le-Croci-Paß (km 67,5) erreicht, und bis Fiesole (km 76,0) bilden die kurzen Gegenanstiege keine Schwierigkeiten mehr.

Apennin
Borgo San Lorenzo
Sieve
Mugello
Faltona
Vicchio
Sagginale
Pontevicchio
Poggiolo
Salaiole
Dicomano
Vetta-le-Croci-Paß
Olmo
Mugnone
Fiesole
Pontassieve
Arno
Florenz

Hm
750
500
250
Vetta-le-Croci-Paß 518
Borgo San Lorenzo 203
Dicomano 162
Poggiolo Salaiole 240
Vetta-le-Croci-Paß 518
Fiesole 343
Fiesole 343
9,5
24,0
38,5
60,5
67,5
76,0
10
20
30
40
50
60
70
80 Km

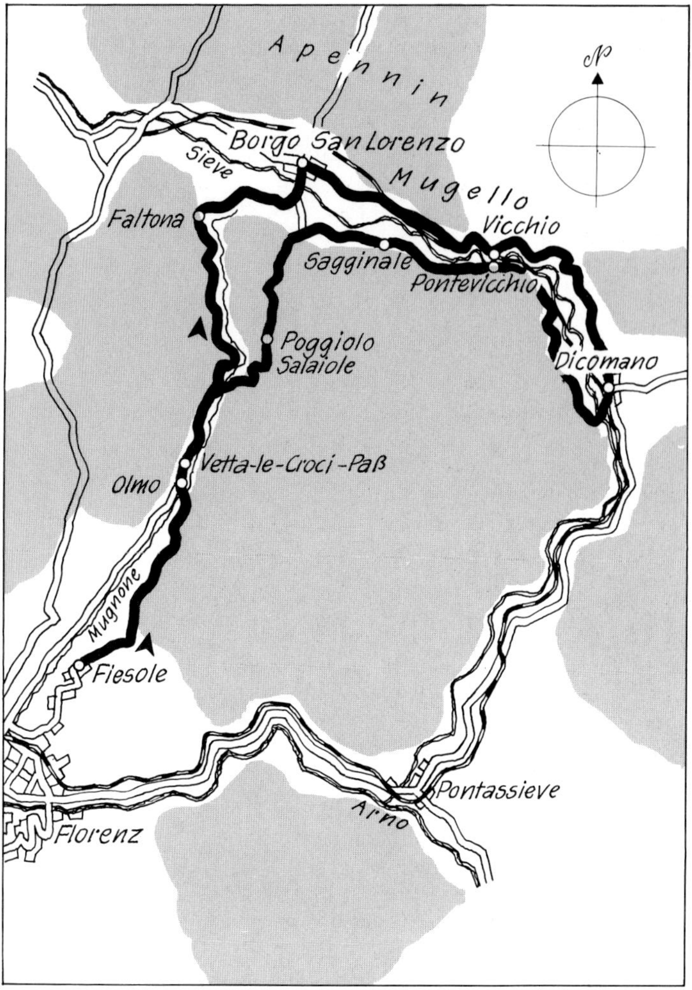

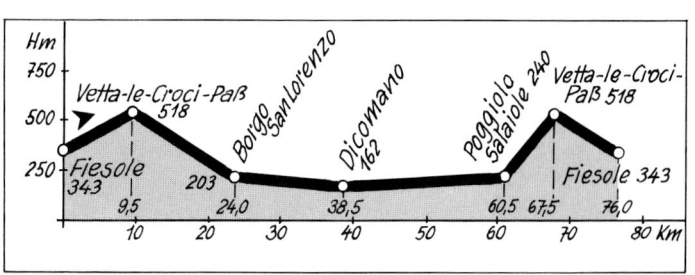

5 Durch das Ombronetal

Strecke Pistoia – Signorino – La Collina (Porrettapaß) – Ponte della Venturina – Molino di Pallone – Pracchia – Pontepetri – Le Piastre – Pistoia	**Zeit** 2½–3½ Stunden
	Länge 63 km (Porrettapaß)
	Höhendifferenz 1210 m
	Übersetzung 42/21
Charakter Mittelschwere Radtour mit maximal 6% Steigung an den Südhängen des Apennin	**Ausgangspunkt** Pistoia (67 m)
	Karte Kümmerly + Frey 1:200 000, Blatt 7 Toskana

<u>Streckenbeschreibung</u> Nördlich von Pistoia, an den Südhängen des Apennin, entspringt in der Nähe des Porrettapasses der Torrente Ombrone. Er mündet recht bald in den Arno und sollte nicht mit seinem Namensvetter, dem Fiume Ombrone, der dem Land südlich von Siena seinen Stempel aufdrückt, verwechselt werden. Das Tal, das der Torrente Ombrone hier geschaffen hat, gehört zu den schönsten und fruchtbarsten Tälern der gesamten Toskana, mit ausgedehnten Kastanienwäldern, in höheren Lagen reich an Wild und Pilzen, dazwischen versteckt immer wieder kleine Forellenteiche. Das Quellwasser ist hier oben noch rein, und auch die sauerstoffreiche Luft wird von italienischen Ärzten ihren Patienten empfohlen. Eine Fahrt durch das Ombronetal über den Porrettapaß bietet somit eine gute Gelegenheit, dem dichtbesiedelten und stark industrialisierten Arnotal zu entkommen. In Kauf genommen werden muß bei dieser Tour allerdings, daß der nördliche Teil, in Richtung Emilia Romagna, nach Überqueren des Porrettapasses durch dichtbewaldete, reizlose Täler führt, die sich dafür aber durch ein für diesen Teil der Toskana erstaunlich geringes Verkehrsaufkommen auszeichnen.

Pistoia (km 0,0), die Hauptstadt der gleichnamigen Provinz, war eigentlich immer im Schatten ihrer mächtigeren Nachbarn wie Pisa, Lucca und Florenz. Eigenständige Kunststile konnten sich hier nicht entwickeln, und so verläßt man den Ort rasch den Hinweisschildern »Bologna/Modena/Abetone« folgend. Recht geradlinig führt die mit 6% ansteigende Straße nach oben und geht nach etwa 3,5 km in weite Kehren über, die den Blick auf den dichtbesiedelten Talboden unter uns eröffnen. Nach Überqueren der Eisenbahnschienen (km 5,5) geht die Steigung etwas zurück, und in Signorino (km 9,5) darf man den Abzweiger nach La Collina nicht übersehen, da die hier geradeaus weiterführende Straße in einen langen Tunnel mündet. Durch dichten Laubwald radelt man über weit auseinanderge-

Bologna
Ponte della Venturina
Molino di Pallone
Limentra di Samb
A p e n n i n
Pracchia
Pontepetri
La Collina / Porrettapaß
Ombrone
Le Piastre
Signorino
Piazza
Pistoia
Florenz
Lucca

Hm
1000
750
500
250
La Collina/
Porrettapaß
932
La Piastre
740
Ponte della Venturina
401
Pistoia
67
Pistoia
67
15,0
31,5
53,5
10
20
30
40
50
60
70 Km
63,0

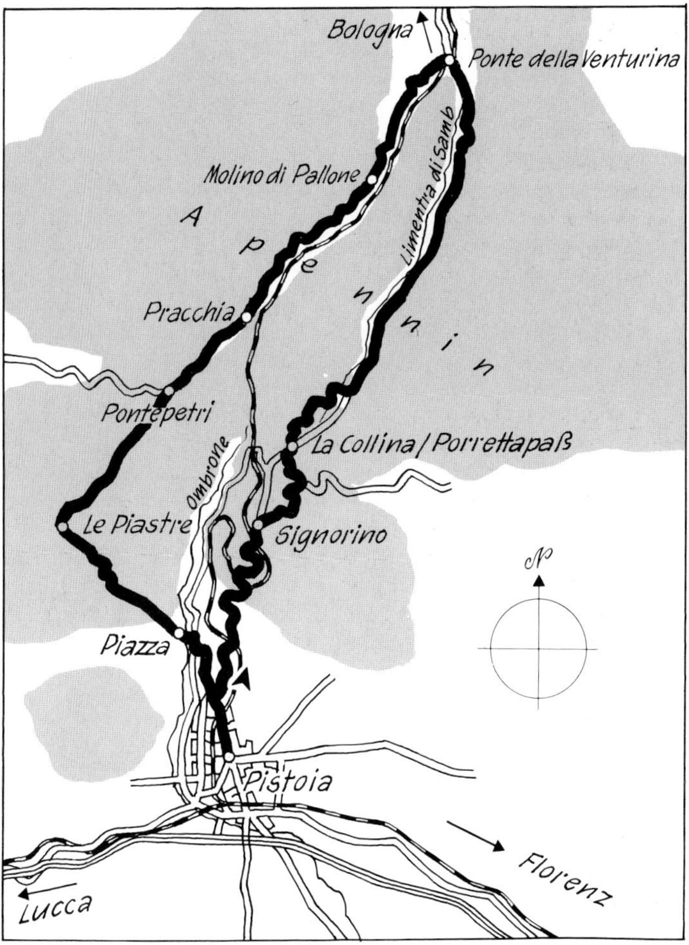

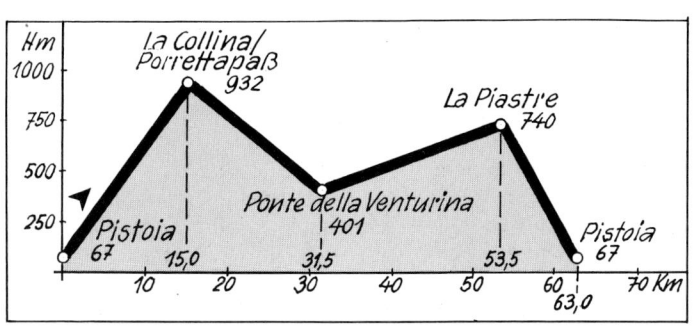

zogene Kehren mit gleichmäßigen 6% Steigung weiter nach oben und trifft auf ein Richtung »Acquerino/Rifugio Acquerino« abzweigendes Sträßchen (km 14,0). Leider war das mit Steigungen bis 8%, von flacheren Abschnitten unterbrochene Sträßchen durch die ursprünglichen Wälder der Foreste Demaniali im Berichtsjahr (1989) im Scheitelbereich auf einer Länge von mehreren km unbefestigt und kann so Rennradfahrern nicht empfohlen werden. Der schönere Streckenteil bis Ponte della Venturina wäre es jedoch allemal. Wer sich und sein Rad keiner Naturstraße aussetzen will, fährt an der Abzweigung vorbei noch 1 km mit 6% Steigung aufwärts und erreicht bei den Häusern von La Collina (km 15,0) mit dem Porrettapaß den höchsten Punkt der Tour. Abfahrend trifft man an einer Kreuzung (km 18,5) wieder auf die durch den Tunnel führende Straße, der man Richtung Bologna folgt. Die anschließende Abfahrt durch das Tal der Limentra di Samb ist genauso lang wie der Name des Flusses und, des dichten Buschwerks wegen, das nur hin und wieder von einigen Häusern am Straßenrand unterbrochen wird, völlig reizlos. In Ponte della Venturina (km 31,5), wo sich das Tal etwas weitet, überquert man die Brücke und folgt der sofort danach Richtung »Abetone/Pracchia/Molino P.« links abzweigenden Straße. Das Tal, das uns aufnimmt, könnte in seiner Reizlosigkeit eine Fortsetzung des vorherigen sein, nur daß man diesmal auf ansteigender Straße langsamer vorankommt. Kurz hält die anfängliche 6%ige Steigung an, fast eben rollt es dann weiter, und bis Molino di Pallone (km 36,5) fällt die Trasse sogar etwas ab. Steigungen, die kaum einmal 4% erreichen und von langen flacheren Abschnitten abgelöst werden, lassen uns bis Pracchia (km 44,0) kaum an Höhe gewinnen, und auch bis Pontepetri (km 47,5) steigt die Straße nur mäßig an. Wiesen und Wälder machen die Umgebung nun wieder freundlicher, bis Le Piastre (km 53,5) schwingt sich die Straße nur einmal kurz auf 4% auf, und vielleicht bedarf der kurze Anstieg im Ort bis zur Pizzeria Amalfi (km 54,0) nochmal den Wechsel auf das kleine Kettenblatt. Dann geht es, wieder zurück im fruchtbaren Ombronetal, nur noch abwärts. Bald hinter Piazza (km 60,5) wird der Talboden erreicht, und wer den Schwung der Abfahrt ausnützt, rollt mühelos zum Ortsanfang von Pistoia (km 63,0) zurück.

6 Zum Rifugio Carrara

Strecke Carrara – Gragnana – Castelpoggio – Rifugio Belvedere	**Länge** 19,5 km
	Höhendifferenz 1100 m
Charakter Mittelschwere Radtour mit maximal 10% Steigung von der Versilia in die Garfagnana	**Übersetzung** 42/23
	Ausgangspunkt Carrara (100 m)
Zeit 1½–2¼ Stunden	**Karte** Kümmerly + Frey 1:200 000, Blatt 7 Toskana

<u>Streckenbeschreibung</u>   So gar nicht in das Bild von der grünen, hügeligen Toskana wollen die grauen Felsriesen passen, die sich nordöstlich von Massa am Tyrrhenischen Meer erheben. Mit ihren pyramidenförmigen Spitzen und den scharf abfallenden Graten fühlt man sich eher ins Bergell im Tessin versetzt. Aber das Meer ist nur wenige km entfernt, und was aus der Entfernung wie Schnee aussieht, ist bei näherem Hinsehen der mehr als 2000 Jahre alte Schutt des Marmorabbaus. Es sind die Apuanischen Alpen, die sich zwischen La Spezia und Lucca entlang der Küste auftürmen und mit dem 1945 m hohen Monte Pisanino ihre höchste Erhebung vorweisen können. Der höchste für uns in diesem Gebiet anfahrbare Punkt ist die Straße zum Rifugio Carrara, die etwas unterhalb beim Rifugio Belvedere endet, und wer von den brettebenen, vielbefahrenen Straßen unten an der Küste eine Abwechslung braucht, sollte diese Tour unternehmen.

Carrara (km 0,0), berühmt für seinen weißen Marmor und seiner langen Tradition der Marmorverarbeitung wegen zum Weltzentrum des Marmors aufgestiegen, ist unser Ausgangspunkt. Mehr als 100 Marmorsägereien gibt es in der Stadt, die sich demzufolge entsprechend ausgedehnt hat, und so ist es gar nicht so leicht, die erst im nordwestlichen Teil angeschriebene Beschilderung »Gragnana/Castelpoggio/Campo Cecina« zu finden. Ist man dann auf die Staatsstraße Nr. 446 gelangt, die mit 6% aus dem Ort führt, geht deren Steigung bald zurück und erreicht bis Gragnana (km 2,0) nur noch einmal kurz 6%. Ein schluchtartiger, bewaldeter Talabschnitt nimmt uns auf, die Steigung am Ortsende auf 10% zu, und bis Castelpoggio (km 6,0) hält sowohl die Steigung als auch der bewaldete Taleinschnitt an. Die Hektik der Küste und der Großstadt Carrara liegt nun schon weit unter uns. Auch die Steigung bleibt bis zur nächsten Abzweigung (km 8,5) Richtung Campo Cecina meist weit unter 9% und ermöglicht so ein weniger anstrengendes Vorwärtskommen. Wem die braun und verdorrt wirkenden Baumkronen auffallen, wird beim Höherkommen an den schwarzverkrusteten Baumstämmen erkennen, daß ein Teil dieser Bergwälder durch einen Waldbrand (im trockenen Winter 1988) stark geschädigt wurde. Entlang eines Hangrückens wechseln nicht nur Anstiege bis 9% und ebenere Abschnitte ab, auch die Sicht wechselt ständig zwischen der Küste und dem Meer im Süden und dem hügeligen grünen Hinterland im Norden. Bei km 10,5 geht der Wald kurz zurück und gibt den Blick auf mehrere hintereinander liegende Bergketten frei, die in langen Graten zum Meer abfallen und im bläulichen Licht der Morgensonne nur diffus schemenhaft zu erkennen sind. Die Steigungscharakteristik der Straße ändert sich nicht; ständig die Hangseite wechselnd werden Anstiege bis 9% von flacheren Abschnitten abgelöst. Die nach Süden freiwerdenden Blicke lassen langsam die riesigen Ausmaße der Küstenstädte erkennen. Vorbei an einem Schild mit der Aufschrift »Latante Ferrari« nimmt die Steigung auf gleichmäßige 9% zu, und kurz darauf ist weit unten ein kleiner Marmorbruch zu erkennen. Bald zeigen die Bergspitzen vor uns, daß der höchste Punkt nicht mehr weit sein kann, ein riesiger Marmorbruch an den Hängen des Monte Sagro taucht auf, und die Straße endet an einem ausgedehnten Parkplatz (km 18,5). Eine Rettungsstation des Roten Kreuzes verdeutlicht, daß die Arbeit hier nicht nur schwer, sondern auch gefährlich ist. 1930 wurde eine Drahtseilbahn eingeweiht, die von Carrara herauf ins Sagro-Becken führte, aber 1957 nach einem Unfall stillgelegt wurde. Heute geschieht der Transport aus dem Bruch heraus bis zu unserer Auffahrtsstrecke über die engen Serpentinen einer Naturstraße mit schweren Lastwagen. Bis zu 30 Tonnen ist das übliche Gewicht eines Blocks, der hier befördert wird. Wir haben den höchsten Punkt unserer Auffahrt noch nicht ganz erreicht und folgen der Richtung »Campo Cecina« abzweigenden Straße. Schon bei einem Schild mit der Aufschrift »Aqua Aparta« (km 19,0) geht die Steigung zurück, und gleich darauf ist bei einer Wendeschleife beim Rifugio Belvedere (km 19,5) die Straße zu Ende. Die letzten 200 m zum Rifugio Carrara müßte man dann zu Fuß zurücklegen.

Apuanische
Alpen
Rifugio Belvedere
Rifugio Carrara
Campo Cecina
Castelpoggio
Gragnana
Carrara
La Spezia
Viareggio
Massa

Hm
1250
1000
750
500
250
Rifugio Belvedere 1200
Parkplatz 1150
Abzweigung
700
Castelpoggio 547
Carrara 100
6,0
8,5
18,5
19,5
2
4
6
8
10
12
14
16
18
20 Km

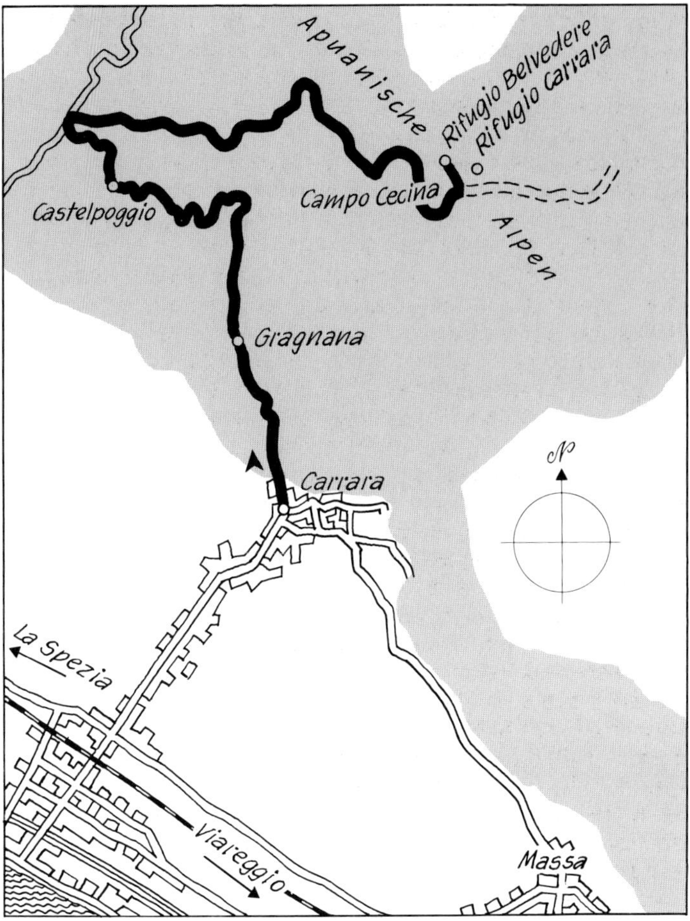

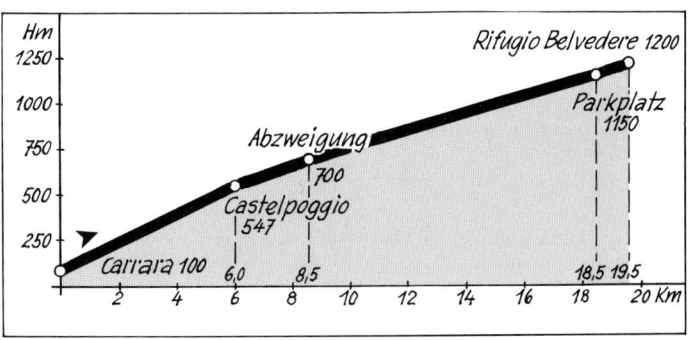

7 Durch die Marmorberge der Toskana

Strecke Massa – San Carlo Terme – Antona – Pian della Fioba – Altissimopaß – Castelnuovo di Garfagnana	**Zeit** 2¼–3½ Stunden **Länge** 43 km **Höhendifferenz** 840 m **Übersetzung** 42/21–23
Charakter Mittelschwere Radtour mit maximal 8% Steigung in den Apuanischen Alpen	**Ausgangspunkt** Massa (65 m) **Karte** Kümmerly + Frey 1:200000, Blatt 7 Toskana

<u>Streckenbeschreibung</u> Auf einer Fläche von schätzungsweise 50 × 15 km beherbergen die Apuanischen Alpen das größte Marmorvorkommen der Welt. Mehr als 500 Marmorbrüche, Cave genannt, gibt es hier, und mehr als eine Million Tonnen werden jährlich abgebaut und von den nahen Küstenstädten Genua und Livorno in die Marmorindustrien und Bildhauerwerkstätten der ganzen Welt verschickt. Schon die Römer beuteten das reiche Marmorvorkommen aus, dessen Reserven schier unerschöpflich zu sein scheinen. Eine Vielzahl von Straßen führen in dieses Gebiet, aber nur eine einzige durchquert die Apuanischen Alpen in ihrer gesamten Breite von Massa nach Castelnuovo. Sie führt nicht nur mitten hinein in das Zentrum des Marmorabbaus, sondern verbindet auch zwei gänzlich verschiedene Landschaften miteinander: die Versilia und die Garfagnana. Die Versilia ist die toskanische Küste etwa von Marina di Carrara bis hinunter nach Pisa mit ihren Stränden, Promenaden, Hotels, Restaurants, Seebädern und schnurgeraden breiten, ampelübersäten Straßen. Die Garfagnana dagegen ist eine wild- und kastanienreiche Sommerfrische, in deren Wäldern man stundenlang wandern kann und Ölbäume, Wein, Kastanien und Pinien bis in große Höhen gedeihen.
Im Zentrum von Massa (km 0,0) hält man sich an die Beschilderung »San Carlo«. Mehrere Kehren mit 8% Steigung ziehen über der Stadt nach San Carlo Terme (km 3,5) hinauf; ein etwa 100 m langes unbeleuchtetes Tunnel kann rechts umfahren werden. Vor uns zeigen sich bereits die ersten Felsriesen, die Straße fällt ab und steigt bis Altagnana (km 6,0) nur noch leicht an. Kurvig und eng geht es nach dem Ort wieder abwärts, und plötzlich befindet man sich in einer weiten Schlucht, ringsum von hohen Bergen eingekesselt. Auf der gegenüberliegenden Talseite ist ein Dorf zu erkennen, und Steinböschungen, die an den hoch über dem Ort aufragenden Berghängen verteilt sind, scheinen den Straßenverlauf anzudeuten. Bis zu einer Brücke am Schluchtende (km 8,0) rollt es noch bergab,

La Spezia
Apuanische
Pian della Fioba
Altissimo-paß
Castelnuovo di Garfagnana
Torrite
Antona
Altagnana
San Carlo Terme
Monte Altissimo 1589
Massa
Secca
Alpen
Forte dei Marmi
Viareggio
N

Hm
1250
1000
750
500
250
Altissimopaß 1035
Altagnana 300
Abfahrt 250
Massa 65
Castelnuovo di Garfagnana 270
10
20
30
40
50 Km
6,0
8,0
19,5
43,0

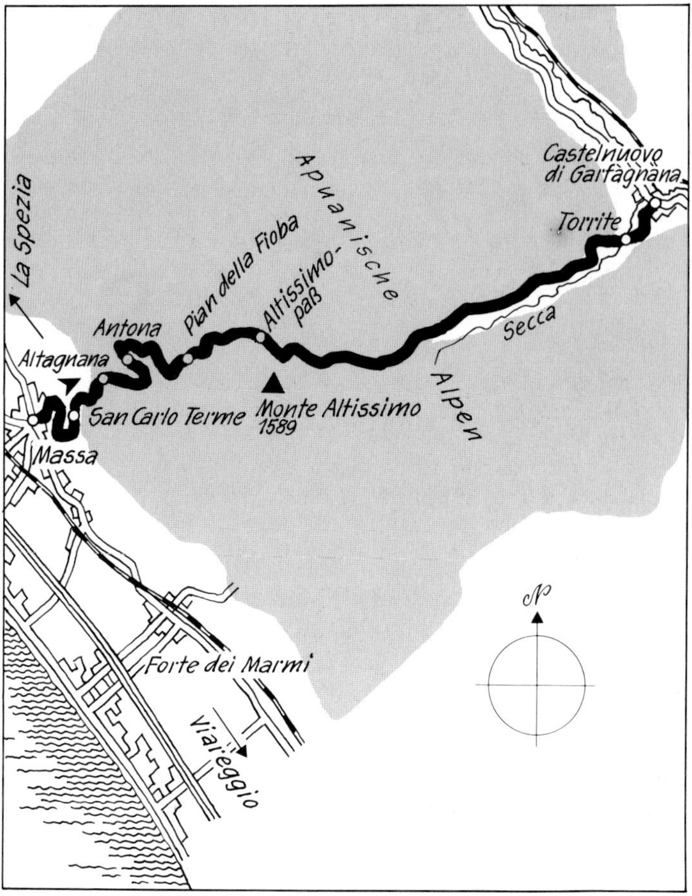

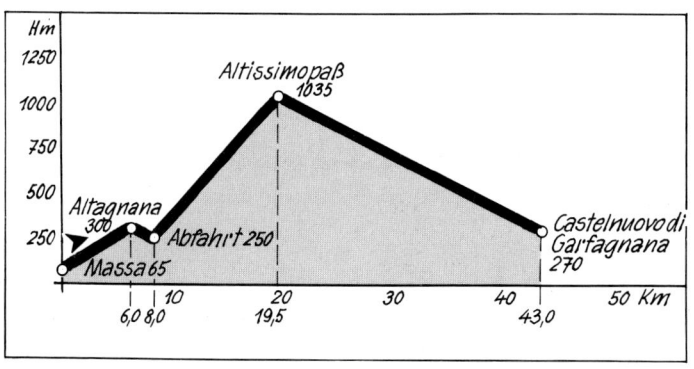

dann wechselt man auf die gegenüberliegende Hangseite, und die Steigung nimmt auf 5% zu. Antona (km 9,0) heißt das Dörfchen, das man gesehen hat, und auch die Straße führt an den Hängen über dem Ort weiter. In engen Kehren geht es höher, wobei sich die Steigung allerdings auf 7% beschränkt und weit zurück im Westen das Meer und die Dächer von Massa zu erkennen sind. Campaveccia (km 13,0), dessen Ortsschild man erreicht, scheint nur aus einer einzigen Bar am Straßenrand zu bestehen; hier verschwindet die Trasse in einem 77 m langen unbeleuchteten Kehrentunnel. Kurz darauf läßt ein großes Schild mit der Aufschrift »Spatenbräu« beim Restaurant »Il Coccio« (km 14,0) heimatliche Gefühle aufkommen, und eine Stärkung hier wäre nicht das Verkehrteste. Sich langsam dem gezackten Grat des Monte Altissimo nähernd, zieht die Straße bei gleichbleibender Steigung weiter an. Hinter Pian della Fioba (km 16,5) wartet nochmals ein 130 m langer, unbeleuchteter Kehrentunnel, und wer vorher eine Rast ausgeschlagen hat, kann seine Wasservorräte an einem kleinen Brunnen bei einer Kapelle am Tunnelausgang ergänzen. Überall an den Berghängen, die sich nördlich von uns erheben, sind die Spuren stattgefundener Sprengungen zu sehen. Hier wird der weiße Marmor, auch Statuario (für Statuen) genannt, abgebaut: feinkörnig, seidigglänzend und somit der begehrteste und teuerste. Mehrere Tunnels sind noch bei weiter ansteigender Straße zu durchfahren, deren längster 112 m aufweist, bevor der höchste Punkt unmittelbar an einem kleineren Marmorbruch (km 19,5) erreicht ist. Der Scheiteltunnel ist dann allerdings nochmals 700 m lang, nicht beleuchtet und wies zumindest im Berichtsjahr (1989) abgrundtiefe Schlaglöcher auf. Straßenarbeiten auf der gegenüberliegenden Paßseite lassen allerdings baldige Besserung erwarten. Die folgende Abfahrt im meist engen, aussichtslosen Tal der Secca ist lang und weist außer zwei Tunnels und einer kurzen mäßigen Gegensteigung keine Besonderheiten auf. Sie endet im Vorort Torrite, an den sich nahtlos Castelnuovo di Garfagnana (km 43,0) anschließt.

Hinweis: Wegen der Tunnels ist Beleuchtung notwendig.

8 Über den Monte Albano

Strecke Pistoia – San Boronto – Vinci – Empoli	**Länge** 34,5 km
	Höhendifferenz 280 m
Charakter Leichte Radtour mit maximal 5% Steigung zum Geburtsort Leonardo da Vincis	**Übersetzung** 42/21
	Ausgangspunkt Pistoia (67 m)
	Karte Kümmerly + Frey
Zeit 1¼–1¾ Stunden	1:200000, Blatt 7 Toskana

<u>Streckenbeschreibung</u>   Südlich von Pistoia und unweit von Florenz erhebt sich der Monte Albano, ein Bergzug aus mehreren Hügelkuppen, vom Apennin durch das Arnotal getrennt, der im 627 m hohen Monte Albano gipfelt. Eine Straße, die bis auf eine Höhe von etwa 350 m ansteigt, führt mitten durch dieses Berggebiet und verbindet dabei die Städte Pistoia und Empoli. In den unteren Lagen Ackerbau, Weinberge und Olivenhaine, in höheren Bereichen von Mischwald abgelöst, hat diese Landschaft bereits südtoskanisches Gepräge; allein schon aus diesem Grund lohnt eine Befahrung der Strecke. Zusätzlicher Anreiz ist noch, daß mit der auf dem Weg liegenden Ortschaft Vinci der Geburtsort eines der größten Universalgenies der Geschichte, Leonardo da Vinci, besucht werden kann.

Empoli ist in Pistoia (km 0,0) gut ausgeschildert, und eben zieht die Straße durch die kleinen Ortschaften Bonelle und Ponte Stella auf die Hügelkette zu. In Cantagrillo folgt man der Beschilderung »Lamporecchio/Vinci«, erreicht so Casaguidi, und an der Kreuzung nach dem Ortsende (km 7,0) ist Empoli wieder ausgeschildert. Ein mit Äckern, Weinbergen, Olivenhainen und einzelnen hochaufragenden Zypressen bedeckter Hügel liegt vor uns, an dem die Straße mit 5% anzusteigen beginnt. Schon bald nimmt uns der Waldgürtel der etwas höheren, dahinterliegenden Berge auf, durch den die Straße unter schattigen Akazien, Kastanien und Pinien mit gleichmäßigen 5% bis San Boronto (km 12,0) ansteigt. Die Steigung geht zurück, lange hält sich die Trasse fast eben, teilweise leicht fallend, entlang eines Hügelrückens, während sich unter uns die fruchtbare Ebene von Fucecchio ausbreitet und weit im Westen die Pisaner Berge zu erkennen sind. Kurvig schlängelt sich das Sträßchen weiter leicht fallend bis Fornello (km 19,5), und langsam nehmen die Olivenbäume zu, deren silbrig im Sonnenlicht flimmernde Blätter besonders im Frühjahr einen malerischen Kontrast zu den unzähligen rotleuchtenden Mohnblumen entlang der Böschung bilden. Vor Vinci (km 23,5) fällt die Straße dann etwas stärker ab, und da keinerlei Schwierigkeiten mehr vor uns liegen, bleibt genügend Zeit für eine Besichtigung des Leonardo-Museums, das im Palazzo Pubblico, einer weithin sichtbaren trutzigen Burg, untergebracht ist. Neben Zeichnungen, Porträts und Briefen sind die meisten Räume mit den naturgetreu nachgebildeten Modellen der technischen Konstruktionen dieses als Maler, Bildhauer, Architekt, Ingenieur und Naturforscher tätig gewesenen Genies angefüllt. Flugapparate, ein bedrohlich wirkender Kampfwagen mit Schildkrötenpanzerung, Tauchvorrichtungen, Bagger, Bohrmaschinen und Ölpressen sind zu sehen, und sicherlich hatte dieser Künstler zumindest dem Prinzip nach bereits einen Vorläufer unserer modernen Rennmaschinen im Kopf. Im Weinausschank der Burg kann man sich etwas stärken, bevor man sich vielleicht noch auf den Weg zum Geburtshaus Leonardos (1452–1519), durch Hinweisschilder nicht zu verfehlen, macht, um ein Buch über dessen Leben und Wirken zu erstehen. Dann radelt man auf ebener Straße zwischen fruchtbarem Ackerland weiter, Industriebetriebe tauchen auf, und an zwei Kreuzungen folgt man der jeweils links Richtung »Empoli« abbiegenden Straße. Der zunehmende Verkehr kündet uns die nahe Stadt an, der Arno wird überquert, und unmittelbar darauf sehen wir das Ortsschild von Empoli (km 34,5) vor uns. Das kleine Handels- und Industriezentrum verdankt seinen Wohlstand vor allem den Glasfabriken und Textilmanufakturen, zeigt aber ansonsten neben einem kleinen mittelalterlichen Stadtkern nur gesichtslose Häuser. Wer will, kann diese Tour mit der Besichtigung einer Sammlung toskanischer Gemälde aus dem 14. bis 17. Jahrhundert beschließen, die in einem dem Collegiata Sant'Andrea angeschlossenen Museum untergebracht ist.

Pistoia
Lucca
Bonelle
Florenz
Ponte Stella
Cantagrillo
Casaguidi
Albaner
San Boronto
Berge
N
Lamporecchio
Fornello
Vinci
Arno
Empoli
Florenz
Pisa

Hm
750
500
250
Pistoia
67
San Boronto 348
Vinci 97
Empoli 26
4
8
12
16
20
24
28
32
36 Km
12,0
23,5
34,5

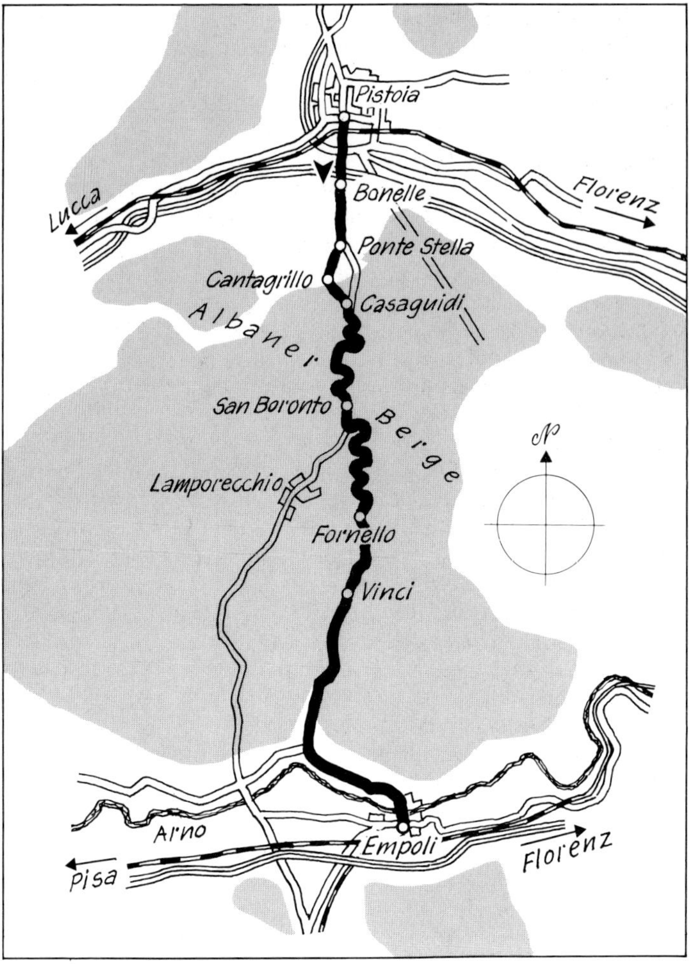

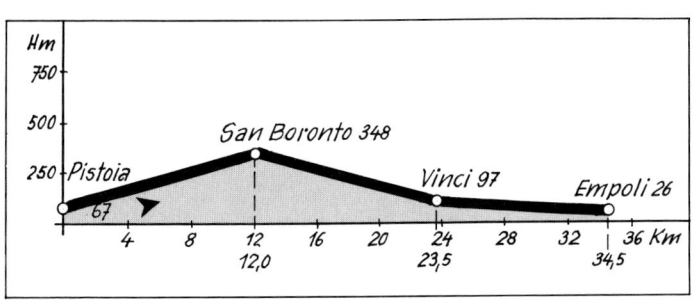

9 Im Chianti-Land

Strecke Siena – Castellina – Radda – Castelnuovo Berardenga Pianella – Siena	**Länge** 78 km
	Höhendifferenz 700 m
Charakter Mittelschwere Radtour mit maximal 8% Steigung im Land des »Gallo Nero«	**Übersetzung** 42/21
	Ausgangspunkt Siena (322 m)
Zeit 3¼–5 Stunden	**Karte** Kümmerly + Frey 1:200000, Blatt 7 Toskana

<u>Streckenbeschreibung</u> Der bekannteste der toskanischen Weine ist der Chianti. Sein Name wurde aus dem Anbaugebiet, den Chianti-Bergen nördlich von Siena, abgeleitet, mit den wichtigsten Städten Greve, Castellina, Radda und Gaiole. Die Beliebtheit und Bekanntheit dieses Produkts führte allerdings dazu, daß man bald den Rotwein des gesamten toskanischen Hügellands ebenfalls als Chianti bezeichnete. Die Weinerzeuger des ursprünglichen Anbaugebiets setzten sich gegen diese unliebsame Konkurrenz zur Wehr, indem sie für ihren Wein die Bezeichnung »Chianti classico« einführten, der als Markenzeichen einen »gallo nero«, einen schwarzen Hahn, trägt. Entscheidend für die vorzügliche Qualität dieses Weines ist die günstige Lage des Anbaugebiets, dessen Hügel eine nachgerade ideale Höhenlage zwischen 250 und 600 m aufweisen. Für uns bedeutet dies allerdings ein recht abwechslungsreiches Auf und Ab, wobei sich die Steigungen doch beträchtlich summieren. Die zahlreichen Trattorien, die den offenen fruchtigen, als »rasso« angebotenen Wein feilbieten, den vielleicht angenehmsten Tischwein überhaupt, geben aber immer wieder Gelegenheit zur Rast und Erholung.

In Siena folgt man bis zum Ortsende (km 0,0) der Beschilderung »Firenze SS 2«, dann den Hinweisen »Castellina in Chianti«. Bis Quercegrossa (km 6,0) fällt die Straße, nur hin und wieder von mäßigen Anstiegen unterbrochen, ab, und man befindet sich bereits mitten in der Zona del Chianti, worauf auch die Schilder mit dem schwarzen Hahn im gelb-roten Kreis hinweisen. Eine scharfe Kurve im Ort, dann fällt die Straße stärker ab und zieht nach einer kleinen Brücke (km 8,0) mit Steigungen bis 8%, meist jedoch weit darunter, nach Fonterutoli (km 12,0) hinauf. Es folgt eine kurze Abfahrt, die Weinreben weichen dem Wald, und die Straße verläuft mit Steigungen bis 4%, von kurzen flacheren Abschnitten unterbrochen, aufwärts bis zur Hügelkuppe (km 16,0), um gleich darauf zum Ortsanfang von Castellina (km 16,5) abzufallen. Am Ortsende radelt man

Florenz
Arezzo
Radda
La Villa
Castellina
Chianti
Fonterutoli
Castel di Brolio
Quercegrossa
Villa a Sesta
Castelnuovo Berardenga
Pianella
Siena

Hm
750
500
250
Castellina
578
Kreuzung 603
Radda 503
Kreuzung
370
Villa a Sesta 426
Castelnuovo Bga.
351
Pianella 225
Siena 322
Siena 322
16,5 20,0 28,5 38,0 50,0 56,5 68,5 78,0
10 20 30 40 50 60 70 80 Km

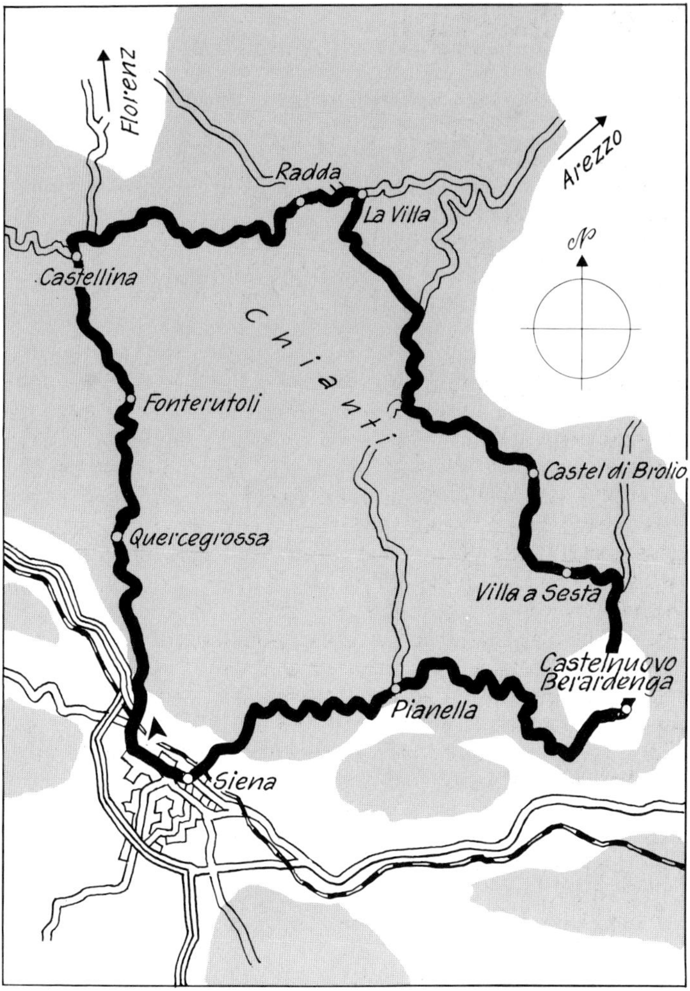

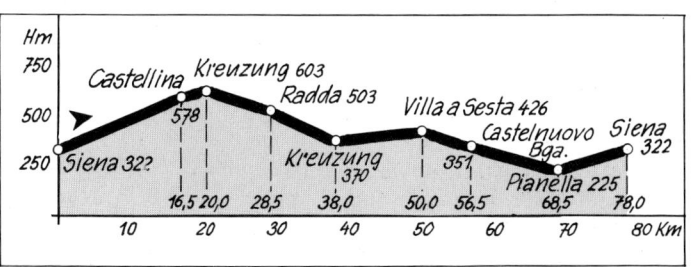

kurz bergab, es folgt nochmal eine kleine Brücke (km 19,0), und erneut zieht die Trasse an einem Hügel mit Steigungen, die 4% nicht überschreiten, bis zu einer Kreuzung (km 20,0) an. Der Beschilderung »Radda« folgend, verläßt man die »Chiantigana«, die Staatsstraße mit der Nr. 222, und wechselt auf die Straße Nr. 429 über, die sich länger auf einem Hügelrücken zwischen aussichtslosem Buschwerk und niedrigem Wald hält, bevor sie nach Radda (km 28,5) abfällt. Im Ort folgt man anfangs der Beschilderung »Montevarchi/Firenze« und beginnt an der nächsten Kreuzung, Richtung »Siena« radelnd, eigentlich schon den Rückweg. Durch La Villa (km 30,5) steigt die Straße mit 5% noch an, riesige Weinberge umrahmen eine schöne Villa am gegenüberliegenden Berghang, und lange rollt es wieder bis zu einer Straßenkreuzung (km 38,0) hinunter. Das nachfolgende leichte Gefälle sollte uns nicht dazu veranlassen, an der nach Castelnuovo Berardenga (km 40,5) abzweigenden Straße vorbeizufahren. Die hier aufragenden Burgen lohnen den kleinen Umweg in jedem Fall. Durch dichten Eichenwald führt die Trasse nur mäßig ansteigend bis Castel di Brolio (km 45,5), und wer hier die auf einem kleinen Hügel neben der Straße gelegene Burg besucht, genießt vom Turm einen überwältigenden Ausblick, der bis zum Monte Amiata weit im Süden reicht. Eine leichte Abfahrt wechselt mit einem ebensolchen Anstieg bis Villa a Sesta (km 50,0) ab, das Land weitet sich wieder, und man erreicht Castelnuovo Berardenga (km 56,5) auf meist leicht fallender Straße. Hier heißt es in den engen Ortskern hineinfahren, um den richtigen Abzweiger nach Pianella zu finden und nicht gleich der Beschilderung »Siena/Arezzo« zu folgen, da diese auf die vielbefahrene Staatsstraße Nr. 326 leitet. Wir haben dafür ein ruhiges Landsträßchen vor uns, das allerdings bis Pianella (km 68,5) ständig ansteigt und abfällt. Daß die Toskana ein Hügelland ist, weiß man spätestens jetzt, und so wird man auch nicht allzu überrascht sein, wenn sich das Auf und Ab nicht nur bis, sondern auch in Siena fortsetzt. Ein Trost allerdings: 6% Steigung werden bis zum Ortsanfang (km 78,0) kaum einmal überschritten.

10 Zum »Manhatten« der Toskana

Toskana

Strecke Colle di Val d'Elsa – vor Castel San Gimignano – San Donato – San Gimignano – Borgatello – Colle di Val d'Elsa	**Länge** 32 km
	Höhendifferenz 650 m
	Übersetzung 42/23
Charakter Leichte Radtour mit maximal 8% Steigung nach San Gimignano	**Ausgangspunkt** Colle di Val d'Elsa (141 m), Autobahnausfahrt »Colle di Val d'Elsa Nord«
Zeit 1½–2¼ Stunden	**Karte** Kümmerly + Frey 1:200 000, Blatt 7 Toskana

<u>Streckenbeschreibung</u> Wenn von den Städten und Sehenswürdigkeiten der Toskana die Rede ist, fällt unweigerlich auch der Name San Gimignano. Seine Bekanntheit und Anziehungskraft verdankt der Ort einer Reihe von Türmen, genau noch dreizehn an der Zahl, die von weitem gesehen wie Luftspiegelungen aus grünen Wiesen in den Himmel ragen. Geschlechtertürme werden die klotzigen rechteckigen, fast fensterlosen Steinkuben genannt, die von einst verfeindeten Adelsfamilien als Wehr- oder Wohntürme errichtet wurden. Über 70 Türme sollen es einstmals gewesen sein, von denen keiner den Torre del Comune, den Gemeindeturm mit seinen 53 m, überragen durfte. Die im Kampf unterlegene Familie wurde durch Kürzen oder Abtragen des Turmes gedemütigt und somit im wahrsten Sinne des Wortes erniedrigt. Freilich, mit der Skyline von Manhatten kann sich die Silhouette von San Gimignano in keiner Weise messen, aber beeindruckend ist das Auftauchen der Türme am Horizont dennoch. Auch wer an Stadtbesichtigungen keinen Gefallen findet, sollte diese Tour unternehmen, führt sie doch durch eine der schönsten Landschaften der Toskana.

Colle di Val d'Elsa, unser Ausgangspunkt, liegt auf einem langgestreckten Hügel, und so radelt man vom unteren Teil der Stadt erst einmal etwa 2 km mit 6% Steigung zur Stadtmauer, die den mittelalterlichen oberen Teil umfängt, hinauf. An das Ortsende (km 0,0) schließt sich Le Grazie an, und schon nach wenigen hundert m zweigt eine Straße rechts Richtung San Gimignano ab. Schöner ist es jedoch, wenn man sich diesen Weg für die Rückfahrt aufspart und geradeaus Richtung Siena weiterradelt. Hinter Campiglia (km 2,0) fällt die Trasse steil ab, und eine Kehre eröffnet erstmals kurz den Blick auf San Gimignano, das jedoch sofort wieder verschwindet. Ein kleiner Talboden wird gequert, dann geht ein fast 2 km langer Anstieg mit Steigungen bis 8% in ein leichtes Auf und

Ab über, bei dem die Straße bis zu einer Kreuzung (km 8,5) kurz vor Castel San Gimignano aber mehr ansteigt als abfällt. Weit vorne wieder die Türme, folgt man diesmal der Beschilderung nach San Gimignano und rollt fast 3 km lang in einen Wiesenboden hinunter. Der folgende Anstieg ist mit einer 4% kaum einmal überschreitenden Steigung genauso beschaulich wie die Umgebung, dann geht es, vorbei an San Donato (km 16,0), bis km 19,5 wieder lange abwärts. Bis zu den Parkplätzen vor der Stadt (km 20,5) zieht die Straße nochmals mit 4% bergan. Kurz darauf kann man sich in einem kleinen Park unmittelbar vor dem südlichen Stadttor unter Zypressen und Pinien erst einmal von den Anstrengungen erholen. Betritt man die Stadt dann durch die Porta San Giovanni, darf man sich für eine Besichtigung genügend Zeit lassen, denn die Rückfahrt ist nicht länger als die Anfahrt. An den Fenstersimsen der gotischen Palazzi und Wohnhäuser leuchten rote Geranien, auf der Piazza della Cisterna überragen die drei höchsten Türme die alte Zisterne aus der Renaissance-Zeit, und wer am Domplatz nicht das Stadtmuseum besichtigen will, setzt sich an einen der kleinen Tische vor den Cafes und überlegt, wieviele Ecken dieser ungleichmäßige weder als Dreieck noch als Rechteck zu bezeichnende Platz wohl hat. Bei der Rückfahrt fällt die Straße erst einmal wieder zwischen Wiesen, Rebenhängen, Ölbäumen und Zypressenreihen bis zu einer Kreuzung (km 25,5) ab. Über den nachfolgenden Hügel klettert die Trasse dann mit Steigungen bis 5%, die bereits vor Borgatello (km 30,5) wieder abnehmen, aufwärts. Noch einmal zeigen sich am Horizont die Türme, bevor wir auf ebener Straße über Le Grazie unseren Ausgangspunkt (km 32,0) wieder erreichen.

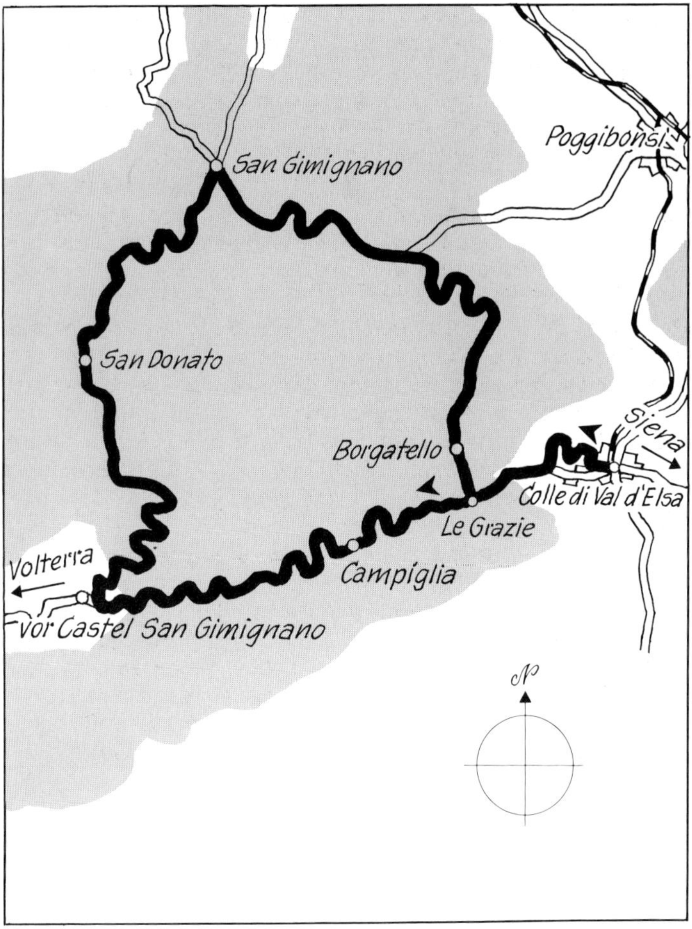

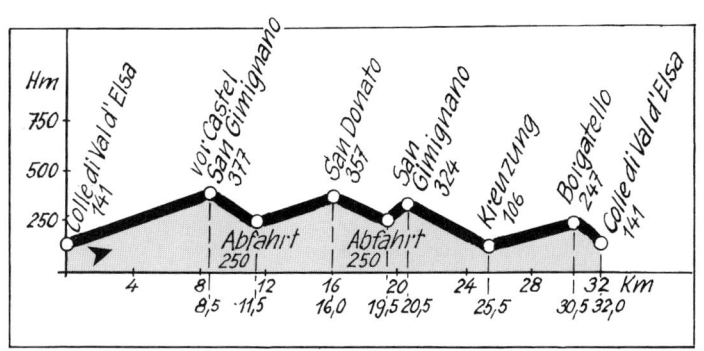

San Gimignano
Poggibonsi
San Donato
Borgatello
Le Grazie
Colle di Val d'Elsa
Siena
Campiglia
Volterra
vor Castel San Gimignano

N

Hm

750
500
250

Colle di Val d'Elsa 141
vor Castel San Gimignano 377
San Donato 357
San Gimignano 324
Kreuzung 106
Borgatello 247
Colle di Val d'Elsa 141

Abfahrt 250
Abfahrt 250

4   8   12   16   20   24   28   32 Km
8,5 11,5 16,0 19,5 20,5 25,5 30,5 32,0

11 In der Crete

Strecke Siena – Taverne d'Arbia – vor Asciano – Monteroni d'Arbia – Siena

Charakter Leichte bis mittelschwere Radtour mit maximal 10% Steigung im Südosten von Siena

Zeit 2–3 Stunden

Länge 49 km

Höhendifferenz 700 m

Übersetzung 42/23

Ausgangspunkt Siena (322 m)

Karte Kümmerly + Frey 1:200 000, Blatt 7 Toskana

Streckenbeschreibung In herbem Gegensatz zu dem fruchtbaren Wein- und Weideland des Chianti-Gebiets nördlich von Siena steht die Crete, die sich unmittelbar südöstlich von Siena ausdehnt. Lehm, Tonerde bedeutet das italienische Wort »creta« und umschreibt somit auch diese Landschaft. Gelbe, im Sommer kalkweiße, von der Sonne aufgerissene Schollen, nur im Frühjahr mit einem eintönigen grünen Teppich überzogen und von riesigen Traktoren umgewälzt, lassen keine allzugroße Freundlichkeit aufkommen. Es ist eine arme Gegend, zu dürr und ausgetrocknet sind die Böden, um die Kleinbauern zu ernähren, und zu trostlos, als daß sich hier Fremdenverkehr entwickeln könnte. Verlassene Bauernhäuser und Gehöfte auf den Kuppen der tief ausgefurchten Tuffsteinhügel zeugen von der Landflucht, der durch Großgrundbesitz entgegengewirkt werden soll. Und dennoch, wer einmal diese Gegend kennengelernt hat, versteht, daß hier – im Gegensatz zur florentinischen Nüchternheit – der mystische Teil der sienesischen Seele wurzelt. Und er ist dann auch eher geneigt zu glauben, daß hier die älteste Landschaftsmalerei der Welt, nämlich die sienesische, entstanden sein soll.

Siena (km 0,0) wird der Beschilderung »Arezzo« nach in südlicher Richtung verlassen. Unter einem Straßenkreuz hindurch (km 4,0) folgt man bald darauf (km 5,5) der nach »Taverne d'Arbia« abzweigenden Straße und erreicht schnell den Ortsanfang. Der Beschilderung »Asciano« nach verläßt man die Stadt über den Ortsteil Arbia. Ein kleines, von Zypressen umgebenes Gehöft auf einem Hügel, an dem die Straße kurz ansteigt, wirkt noch sehr toskanisch, dann liegt bereits die Crete vor uns: Lehmhügel, teils grasbewachsen, teils von der Erosion zerstört, aber auch höhere Hügel mit Macchia und kleineren Baumgruppen bedeckt, auf den Kuppen hin und wieder vereinzelte Gehöfte mit langen Zeilen hochstämmiger Zypressen in fast geometrischer Form. Auch der Straßenverlauf ist weit voraus zu erkennen, und die km-Angaben am Straßenrand zeigen die verblei-

Florenz
Arezzo
Siena
Taverne d'Arbia
Fontanelle
Isola d'Arbia
Arbia
vor Asciano
Monteroni d'Arbia
Ombrone
N

Hm
750
500
250
Siena 322
Taverne d'Arbia 186
Fontanelle 331
vor Asciano 200
Auffahrt 289
Monteroni d'Arbia 161
Siena 322
5,5
18,0
24,5
28,0
39,0
49,0
5
10
15
20
25
30
35
40
45
50 Km

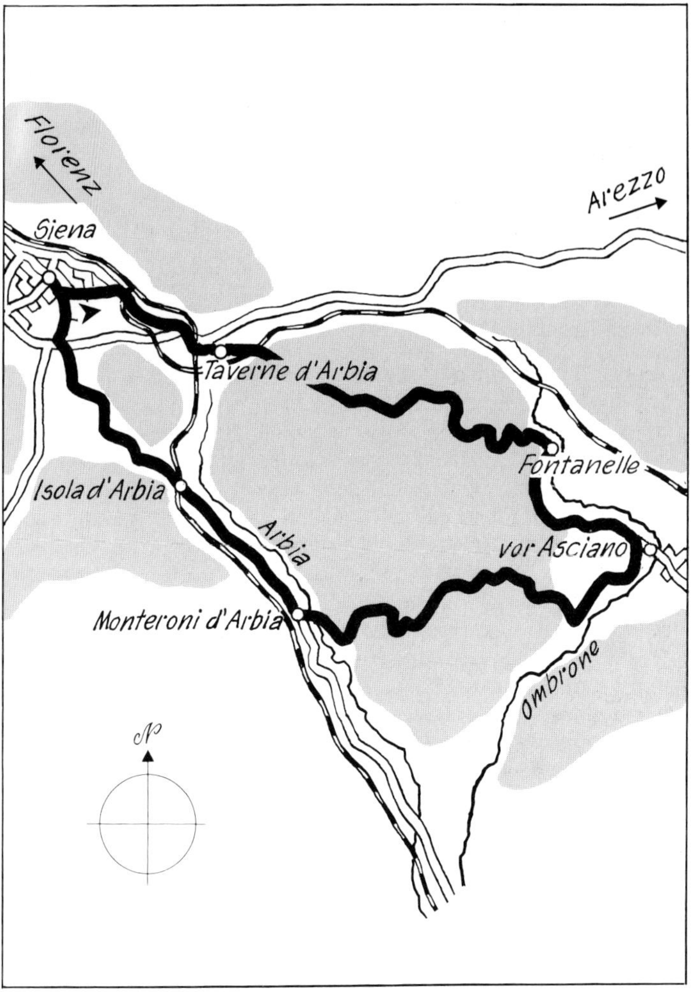

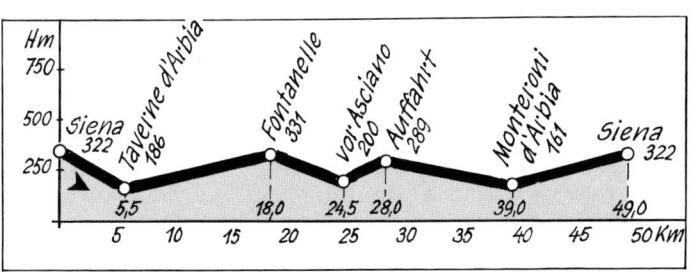

bende Strecke bis Asciano an. Die von Beginn an einsetzenden längeren Aufschwünge, die meist unter 7% Steigung liegen und nur einmal kurz 10% erreichen, werden immer wieder von etwas kürzeren Abfahrten unterbrochen. Nach einer längeren Abfahrt klettert die Steigung bis Fontanelle (km 18,0), einem Ort, der nur aus einem Haus am Straßenrand zu bestehen scheint, dann nochmals bis 9% hinauf. Nach einer Abfahrt setzt sich das bisherige Auf und Ab fort, wobei die Steigungen weiterhin meist unter 7% liegen, aber die Anstiege kürzer und die Abfahrten länger werden. Von Asciano, weit unten in einem Talkessel bereits sichtbar, fällt die Straße stärker ab, aber schon vor der kleinen Brücke über den Ombrone kurz vor dem Ort (km 24,5) heißt es scharf abbremsen, denn spitzwinklig zweigt hier unser Weiterweg nach Monteroni d'Arbia ab. Ein fruchtbarer Talboden nimmt uns auf, dafür wird die Straße holpriger und zieht nach etwa 2 ebenen km weitere 2 mit Steigungen bis 8% an der rechten Talbegrenzung aufwärts. Die Crete gibt sich hier zahmer, grüner und freundlicher ist die Umgebung, die Straße hält sich auf dem Hügelrücken, um dann über einige Kehren in einen kleinen Talboden (km 34,5) abzufallen. Noch einmal steigt die Trasse etwa 1 km mit 6% an und fällt kurz ins Tal des Arbia ab. Er ist einer der bedeutendsten Zuflüsse des Ombrone, und in der Ebene, in der wir nun radeln, wurden vormals wilde Schlachten zwischen Florentinern und Sienesen geschlagen, die sogar Dante in seiner »Göttlichen Komödie« erwähnt hat. In Monteroni d'Arbia (km 39,0) liegt die Crete hinter und die stärker befahrene Staatsstraße Nr. 2, die Via Cassia, weit von Rom heraufkommend, vor uns. Leider ist das am Ortsende nach Radi abzweigende Sträßchen, das kurz vor Siena wieder auf die Staatsstraße trifft, unbefestigt und von Rennradlern nicht benutzbar, und so bleibt diesen nur, sich in den Verkehr einzureihen. Bis Isola d'Arbia (km 44,0) hält sich die Trasse dafür eben, steigt dann etwa 2 km mit 5% an, um sich in einem leichten Auf und Ab der Stadtgrenze (km 49,0) zu nähern. Bis ins Ortszentrum liegen dann noch einige km vor uns.

12 Auf den Monte Amiata

Strecke Castel del Piano – Prato Macinaie – Monte Amiata	**Höhendifferenz** 1100 m
	Übersetzung 42/26
Charakter Mittelschwere Radtour mit maximal 12% Steigung auf den höchsten Berg der südlichen Toskana	**Ausgangspunkt** Castel del Piano (637 m), ca. 4 km nördlich von Arcidossa
Zeit 1½–2 Stunden	**Karte** Kümmerly + Frey 1:200 000, Blatt 7 Toskana
Länge 14,5 km	

<u>Streckenbeschreibung</u> Hinter Siena beginnt die südliche Toskana. Im Osten wird dieses Gebiet vom Tiber und von den umbrischen Hügeln begrenzt, im Süden dringt es fast zum Bolsena-See vor, und die Westgrenze bildet eine imaginäre Linie zwischen Siena und Orbetello. Fernab von den vielbesuchten Kunststätten im Norden ist es einer der am wenigsten bekannten Teile der Region, dem man nachsagt, daß das Grün der Landschaft hier weniger kräftig als im Norden sei. Im Zentrum der südlichen Toskana liegt der Monte Amiata, mit 1738 m der höchste Berg dieses Gebiets, dessen Konturen vor allem dann in außergewöhnlicher Schärfe freigelegt werden, wenn der »Tramontana«, der Nordwind, den Dunstschleier wegbläst, der an den meisten Tagen des Jahres über den Tälern und Hügeln liegt. Weithin sichtbar ist dann der breite, oft von Wolken umlagerte Berg, dem man aus der Ferne nicht ansieht, daß es sich um einen Vulkan handelt, der zwar längst erloschen ist, aber einst als der gefürchtetste Italiens galt. Der Monte Amiata, in dessen Innern sich ein Quecksilbervorkommen befindet, bildet die Grenze zwischen den Provinzen Grosseto und Siena.

Von Siena kommend, bildet nach langer Anfahrt über die Staatsstraße Nr. 2 das Städtchen Abbadia San Salvatore den Ausgangspunkt. Wer von Westen, etwa von Grosseto, anreist, wird die kleine Ortschaft Castel del Piano als Startpunkt wählen. In beiden Fällen hat man das Amiata-Massiv etwa nach der Hälfte der Fahrzeit vor Augen. Es zeigt sich als ein bis oben hin bewaldeter Bergrücken, weder gewaltig noch eindrucksvoll, aber deutlich von den umliegenden Hügeln abgehoben. Folgt man in Castel del Piano (km 0,0) den Hinweisschildern mit der Aufschrift »Vetta Amiata«, so gibt die mit 11% aus dem Ort herausführende Steigung bereits einen Vorgeschmack auf das Kommende. Nach etwa 600 m geht die Steigung bis zum Ortsende wieder zurück, und schöner Laubwald nimmt uns auf. Anstiege bis 10% werden anfangs noch von flacheren Abschnitten abgelöst, aber schon bald steigt die gut ausgebaute Straße in weiten Kehren mit einer gleichmäßig zwischen 9 und 11% liegenden Steigung nach oben. Eine erste Höhenangabe (km 4,5) zeigt 1000 m, und die km-Angaben am Straßenrand informieren über die zurückgelegte Wegstrecke. Hin und wieder gibt der Wald Blicke auf die Hügel und Täler mit weitverstreuten Dörfern im Westen frei. Wer auf ein Nachlassen der Steigung gehofft hat, wird enttäuscht; die Kehren der weiterhin gut ausgebauten Straße werden enger, dafür nimmt die Steigung auf längeren Abschnitten sogar bis auf 12% zu. Bei km 7,0, mittlerweile auf 1200 m Höhe angelangt, erwartet uns dann ein fast 1 km langes ebenes Streckenstück, bevor die Straße bis zu der kleinen Waldlichtung Prato Macinaie (km 9,5) nochmals bis auf 11% ansteigt. Vorbei an einigen Hotels und Restaurants sowie der Talstation eines Skilifts, weiter der Beschilderung »Vetta Amiata« folgend, gewinnt man über Steigungen bis 7% schon weniger mühsam an Höhe. Beim Hotel Contessa (km 11,0) erreicht man nochmals eine Kreuzung, und die Hinweistafeln »Vetta Amiata – Rif. Cantore« sowie die weiter ansteigende Straße zeigen uns den richtigen Weg. Mit gleichmäßigen 9% Steigung wird die Grenze Grosseto/Siena überfahren, dann wartet die Provinz Siena mit einer zurückgehenden Steigung auf, die nach einer Kreuzung (km 13,0) bis zu höchsten Punkt beim Albergo Sella (km 14,5) wieder auf 8% zunimmt. Neben dem Albergo steht am höchsten Punkt der südlichen Toskana ein gelbes Schild mit der Aufschrift »Vetta Amiata 1738 m«, im übrigen versperrt dichter Wald, wie fast bei der gesamten Auffahrt, jegliche Aussicht.

Hinweis: Wer nicht über die gleiche Strecke abfahren will, kann ohne große zeitliche Verzögerung eine Umrundung des Gipfelaufbaus unternehmen. Hierzu radelt man bis zur nächsten Straßenkreuzung hinunter und folgt dort dem Abzweiger nach Abbadia S. Salvatore. Auf stark abfallender Straße taucht an der nächsten Kreuzung (km 5,0) dann schon wieder ein Hinweisschild nach Castel del Piano auf, und man rollt, nun wieder in der Provinz Grosseto, noch etwas bergab. An der folgenden Kreuzung hat man ein knapp 1,5 km langes 11%iges Steigungsstück zu bewältigen, das einen zurück zur Auffahrtsstrecke bringt, auf die man bei den Hotels von Prato Macinaie (km 8,0) trifft.

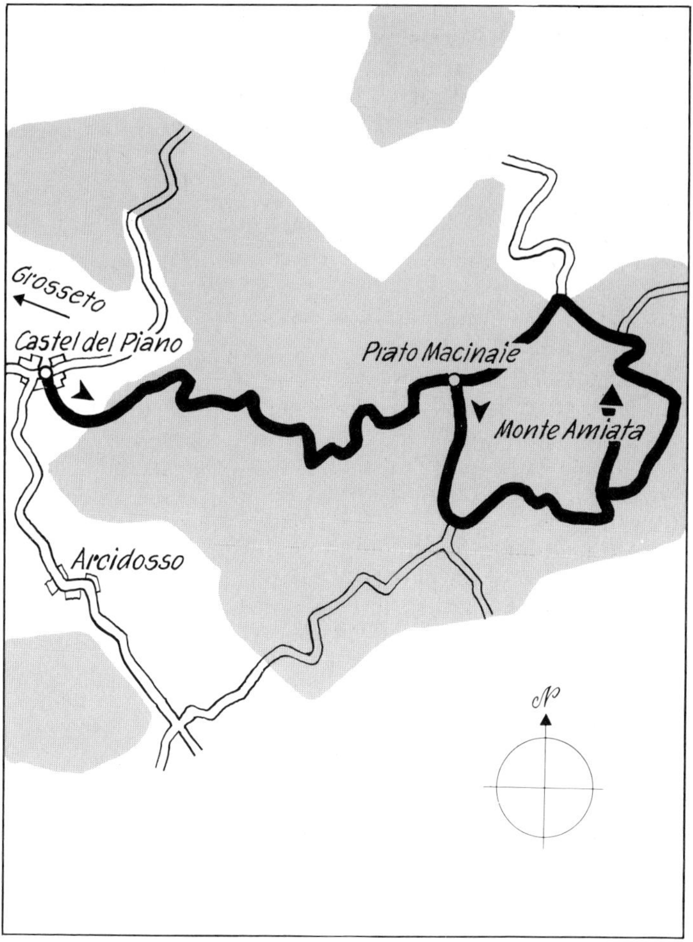

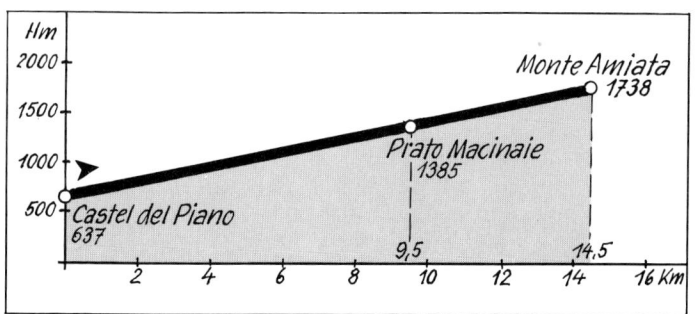

Grosseto

Castel del Piano

Prato Macinaie

Monte Amiata

Arcidosso

N

Hm
2000
1500
1000
500

Monte Amiata
1738

Prato Macinaie
1385

Castel del Piano
637

2   4   6   8   9,5 10   12   14,5 16 Km

13 Die toskanische Rundreise, 1. Abschnitt

Strecke Florenz – Pistoia – Montecatani Terme	**Länge** 39 km
	Höhendifferenz 100 m
Charakter Leichte Radtour mit maximal 11% Steigung von Florenz nach Montecatani Terme	**Übersetzung** 42/21
	Ausgangspunkt Florenz (128 m)
Zeit 1¼–2 Stunden	**Karte** Kümmerly + Frey 1:200 000, Blatt 7 Toskana

Streckenbeschreibung   Kunst, Kultur und Geschichte sind untrennbar mit der Toskana verbunden, und so müßte diese Rundreise, die uns zu allen wichtigen Städten des Landes führt, eigentlich »toskanische Kunstreise« heißen. Bei Städtenamen wie Florenz, Pistoia, Lucca, Pisa, Volterra, Siena und Arezzo tritt die Landschaft zwangsläufig etwas in den Hintergrund. Wer diese Städte besucht, auch wenn er sich dabei eines Fahrrades als Fortbewegungsmittel bedient, tut dies in erster Linie der Geschichte und Kunstwerke wegen. – Nicht ausschließlich aufgrund ihrer geographischen Lage kann eigentlich keine andere Stadt als Florenz Ausgangs- und Endpunkt unserer Rundreise sein. Wenngleich man den Aufstieg zur europäischen Kulturmetropole sicherlich nicht vorausahnen konnte, wurde die 59 v. Chr. von Caesar als Veteranenkolonie gegründete Siedlung bereits Florentina, die Blühende, genannt. Die schachbrettförmige römische Grundstruktur ist noch heute auf dem Stadtplan abzulesen. Zwar ging die künstlerische Entwicklung erst recht spät vonstatten, denn Florenz versuchte vor allem im Mittelalter zuerst eine Vormachtstellung in wirtschaftlicher und politischer Hinsicht zu erreichen und setzte seine Hegemoniebestrebungen auch darüber hinaus fort. Seine günstige geographische Lage am Handelsweg Via Cassia und dem damals noch schiffbaren Arno unterstützte die Entwicklung. Der wirtschaftliche Aufschwung und damit verbundene Reichtum schlug sich dann in Kunstdenkmälern nieder, die insbesondere im Mittelalter und in der Renaissance entstanden. Selbst wer seine Auswahl unter den herausragenden Werken einschränkt, dem wird eine Woche für die Besichtigung dieser Sehenswürdigkeiten nicht ausreichen. An dieser Stelle eine Auswahl an Kunstwerken, »die man einfach gesehen haben muß« zu treffen würde weder diesem Führer noch der Stadt gerecht. Vielleicht ist Florenz ohnehin von einem der umgebenden Hügel aus gesehen

N
Pistoia
Serravalle
Montecatani
Terme
Prato
Poggio a Caiano
Florenz
Brozzi
Signa
Arno

Hm
750
500
250
Florenz 128
Pistoia 65
Stazione Massoti 70
Serravalle 150
Abfahrt 27
Montecatani Terme 27
4
8
12
16
20
24
28
32
36
40 Km
25,0
31,0
34,5
36,0
39,0

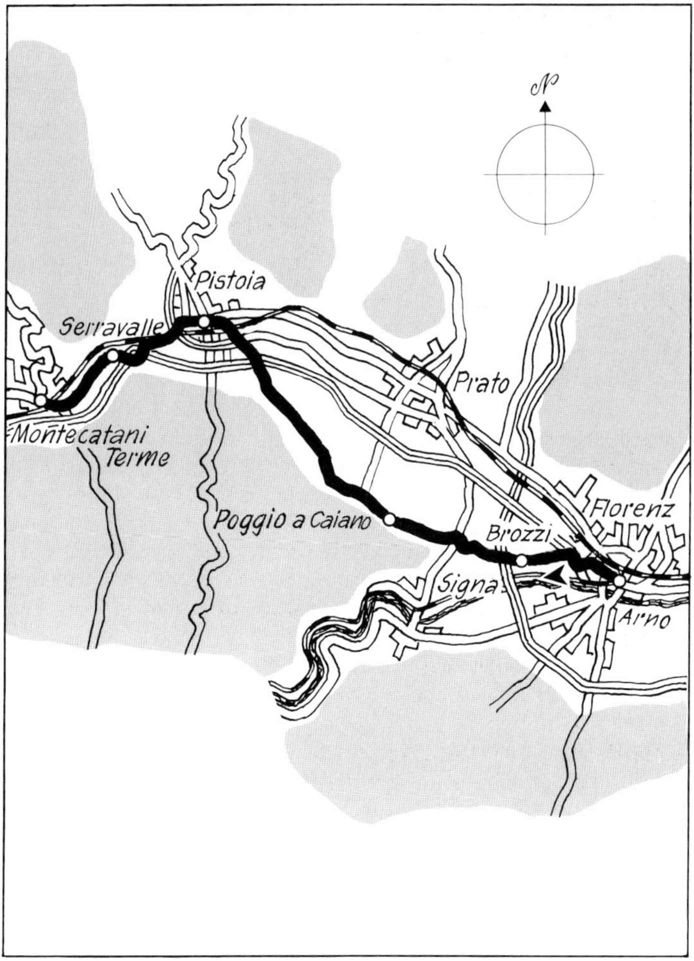

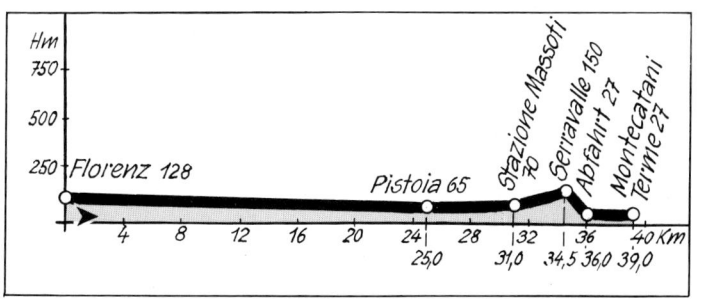

am schönsten, ein riesiges fast gleichmäßiges Dächermeer, aus dem der Torre d'Arnolfo des Palazzo Vecchio, der Campanile Giottos und die Domkapelle Brunelleschis markant hervorstechen.

Bei der Auffahrt nach Fiesole oder der Ausfahrt nach Arezzo genießt man diese Blicke, nicht allerdings, wenn man die Stadt in nordwestlicher Richtung zum ersten Etappenziel verläßt. Unübersehbar sind die grünen Hinweisschilder zur Autostrada Bologna, denen man so lange folgt, bis man auf die blauen Schilder mit der Aufschrift »Campi/Prato/Pistoia« stößt. Diese führen uns zu den Hinweisschildern Richtung »Signa/Pistoia«. Und wenn dann auch noch die weißen Schilder mit der Aufschrift »Brozzi« auftauchen, hat man die richtige Ausfahrt gefunden. Auf schnurgerader, ebener Straße verläßt man durch den Vorort Brozzi die Stadt. Die Autostrada (km 0,0) wird unterfahren, die weite Arnoebene nimmt uns auf, und die sich entlang der Straße hinziehenden Wohnhäuser, Industrieanlagen und Reklameschilder werden nun unsere ständigen Begleiter. Von Brückenüberfahrten abgesehen, hält sich die Straße völlig eben im Talboden, und nur in Poggio a Caiano (km 8,5) bildet ein 100 m langer 11%iger Anstieg mit nachfolgender Abfahrt die einzig nennenswerte Erhebung. Ortschaft reiht sich an Ortschaft, wieder wird die Autobahn unterfahren (km 23,0) und bald danach eine Kreuzung (km 25,0) unmittelbar vor dem Ortsschild von Pistoia erreicht. Daß die Stadt ihren Namen von den Pistolen ableitet, die hier einst in den Eisenmanufakturen und Waffenschmieden hergestellt wurden, sieht man dem Ort nicht mehr an. Der Dom San Zeno, eine der ältesten Kirchen der Toskana mit Teilen aus dem 5. und 6. Jahrhundert, ist das einzige Bauwerk von Rang. Daneben gibt es einige romanische Kirchen, Paläste aus dem 13. Jahrhundert, die allerdings keinen Turm erhielten, und das geschäftige Treiben einer Kleinstadt, dem man entgeht, wenn man gleich der Beschilderung »Lucca/Montecatani« folgt. Eine breite, vierspurige Sraße zieht am Ort vorbei, die wir bald Richtung »Montecatani« verlassen und auf die Hügel vor uns zuradeln. Bis Stazione Massoti (km 31,0) hält sich die Straße noch eben, steigt dann auf einer Länge von 700 m auf 4% an und fällt kurz ab, um bis Serravalle (km 34,5) mit 6% erneut anzuziehen. »Talschluß« bedeutet der Name weil man von den Hügeln neben der Straße die darunter zusammenlaufende Tallandschaft überblicken kann. Auf der nördlichen Anhöhe sind die Ruinen einer Burg zu erkennen, die Kaiser Barbarossa errichten ließ. Wenig Platz bleibt für die Straße, die gleich darauf auf 1,5 km mit 10% abfällt, um dann eben nach Montecatani (km 39,0) zu führen.

Hinweis: Die Strecke ist im gesamten Bereich sehr stark befahren.

14 Die toskanische Rundreise, 2. Abschnitt

Strecke Montecatani Terme – Lucca – Pisa	**Höhendifferenz** 200 m
Charakter Leichte Radtour mit maximal 5% Steigung von Montecatani Terme nach Pisa	**Übersetzung** 42/21
	Ausgangspunkt Montecatani Terme (27 m)
Zeit 1¾–2½ Stunden	
Länge 44,5 km	**Karte** Kümmerly + Frey 1:200 000, Blatt 7 Toskana

<u>Streckenbeschreibung</u>   Montecatani Terme ist ein bekanntes Thermalbad inmitten einer gepflegten Parklandschaft mit Promenaden und Luxushotels. Mit Lucca und Pisa jedoch liegen weit interessantere Ziele vor uns.

Der Beschilderung »Lucca« folgend, wird Montecatani Terme (km 0,0) verlassen. Auf ebener Trasse radelt man bis Borgo a Buggiano (km 2,5), wo man einen kurzen 5%igen Anstieg bewältigt, der gleich darauf in eine ebensolche Abfahrt übergeht. Auf nur unwesentlich ansteigender und fallender Strecke fährt man, ständig an Häusern vorbei, nach Pescia (km 6,5) und blickt auf das massige, mit Ornamenten verzierte Florentiner Tor, das, einem Triumphbogen ähnlich, den Eingang zur Stadt bildet. Die Straße nach Lucca zweigt vor dem Tor ab, die Pescia wird überquert, und bis zum Ortsende begleitet uns nicht nur eine Pappelallee, sondern auch ein längerer 4%iger Anstieg. Leicht steigt die Straße weiter bis Collodi (km 10,0) an, um im Ort nochmals kurz 5% zu erreichen. Leichte Abfahrten und lange ebene Abschnitte, nur in Gragnano (km 13,5) von einem mäßigen Anstieg unterbrochen, wechseln nun bis Borgonuovo (km 16,5) ab, während im Norden die Apuanischen Alpen und südlich die Hügel des Monte Pisana zu erkennen sind. Schon bald darauf künden Industrie und Werbeschilder das nahe Lucca (km 22,5) an, dessen Ortsanfang auf schnurgerader, ebener Straße rasch erreicht ist. Knapp 2,5 km trennen uns noch von den starken Mauern, die den alten Ortskern von den Vorstädten abschirmen. Wer durch die Porta Elisa in den Stadtkern einradelt, dem wird das stark langobardisch-fränkische Element, das die Türme, Häuser und Gassen aufweisen, auffallen. Als die Langobarden im 5. Jahrhundert die Toskana kampflos einnahmen, wählten sie Lucca als Herzogssitz; später begünstigte seine Lage an der Frankenstraße die Entwicklung der Stadt. Auch romanisch-byzantinische Mosaiken sind in

den alten Kirchen noch zu finden, und vor allem beeindruckt der prächtige Marmorbau der Kirche San Michele in Foro, zu dem die in dunklem Ziegelrot um den zentralen Marktplatz gruppierten Häuser in elegantem Kontrast stehen. Das Wahrzeichen der Stadt ist allerdings der, zwischenzeitlich verfallene, gotische Turm des Palazzo Guinigi, auf dem Steineichen gepflanzt wurden. Und daran, daß Lucca auch einmal unter der Regentschaft von Napoleon stand, erinnert die Piazza Napoleone, aus deren Cafés anstelle des damaligen Geigenspiels nunmehr allerdings moderne Schlager aus Musikboxen dröhnen. Puccini und Boccherini sind Söhne dieser Stadt, und romantisch veranlagte Naturen meinen, daß das Heitere und Harmonische ihrer Musik der Stadt auch heute noch anhaftet. Wer nicht in den Ortskern hineinfahren will, kann der vor der Porta Elisa abzweigenden Straße nach Pisa folgen, die lange an der südlichen Stadtmauer dahinführt. Fast ein halbes Jahrhundert bauten die Luccheser an dieser mit elf Bastionen sternförmig angelegten Befestigungsanlage, bevor sie im Jahre 1645 vollendet wurde. Einer Belagerung mußten diese Mauern dann allerdings nie standhalten, dafür bewährten sie sich bei Überschwemmungen des Serchio. Das etruskische Wort »Luk« bedeutet »Sumpf«, und in vorrömischer Zeit, als Lucca noch eine kleine ligurische Siedlung in einem Sumpfgebiet war, waren Überschwemmungen hier nicht selten. Heute sind auf den Wällen angenehm schattige Alleen angelegt, die zu einem Spaziergang einladen, und auf dem Grünstreifen vor der Mauer kann man bequem rasten. Am südlichen Stadttor, der Porta San Pietro, trifft man wieder zusammen und verläßt kurz danach über eine Eisenbahnbrücke (km 30,0) den Ort. Durch Massa Pisana, vorbei an einer schönen Kirche, radelt man in eine ländlicher werdende Umgebung, auf die vor uns auftauchenden Hügelrücken des Monte Pisano zu. Eben hält sich die Straße noch etwa bis km 34,0, um dann auf einer Länge von 2,5 km mit 4% anzusteigen. Den Scheitelpunkt (km 36,5) bildet eine etwa 1 km lange beleuchtete, aber recht enge Tunnelröhre, an deren Ende sich ein großartiger Blick auftut. Vor uns in einer weiten Ebene breitet sich Pisa aus, und, wenngleich noch winzig klein, auch der Schiefe Turm, das vielleicht bekannteste Bauwerk Italiens, ist gut zu erkennen. Über einige schleifenartig angelegte Kehren radelt man in den Taldboden hinunter (km 39,5) und erreicht den Ortsanfang (km 44,5) auf ebener Straße.
Hinweise: Die Strecke ist im gesamten Bereich sehr stark befahren. Wegen des Tunnels ist Beleuchtung ratsam.

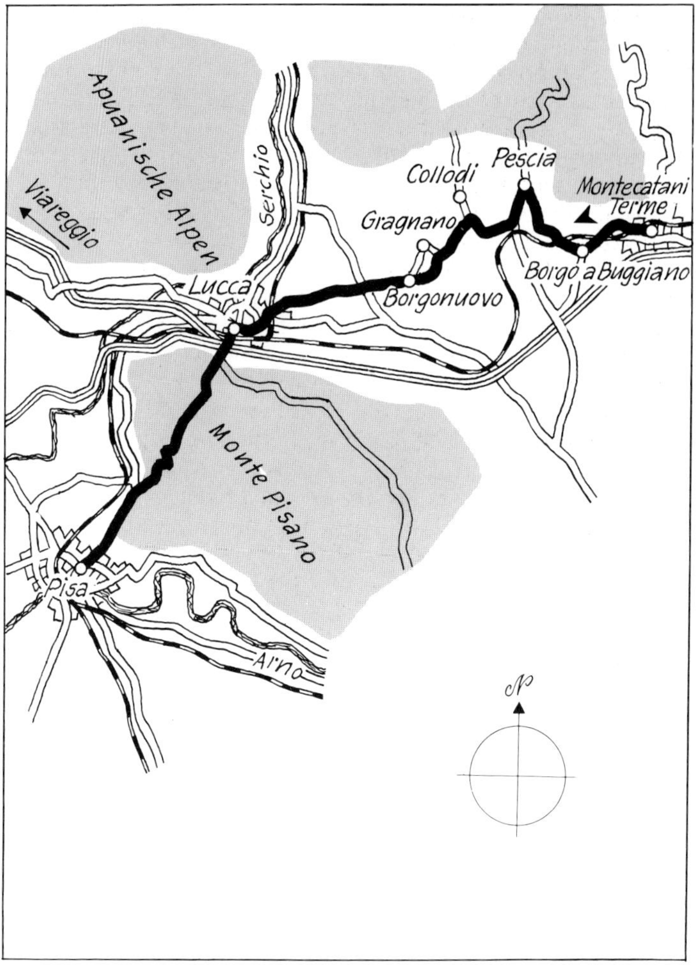

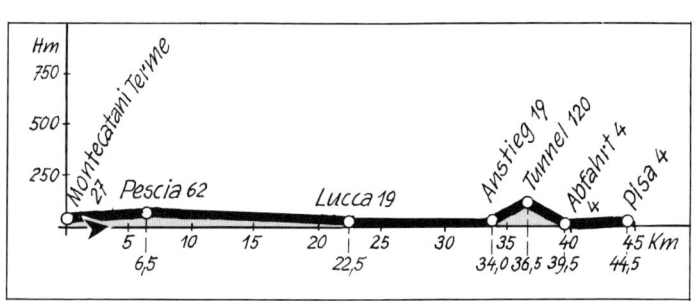

Apuanische Alpen

Serchio

Viareggio

Collodi

Pescia

Montecatani Terme

Gragnano

Borgo a Buggiano

Lucca

Borgonuovo

Monte Pisano

Pisa

Al'no

N

Hm
750
500
250

Montecatani Terme 27
Pescia 62
Lucca 19
Anstieg 19
Tunnel 120
Abfahrt 4
Pisa 4

5 10 15 20 25 30 35 40 45 Km
6,5   22,5   34,0 36,5 39,5 44,5

15 Die toskanische Rundreise, 3. Abschnitt

Toskana

Strecke Pisa – Vicarello – Valtriano – Laura – Orciano Pisano – Santa Luce – Castellina Marittima – Riparbella – Volterra	**Zeit** 3½–5 Stunden
	Länge 98,5 km
	Höhendifferenz 900 m
	Übersetzung 42/21
Charakter Mittelschwere Radtour mit maximal 6% Steigung von Pisa nach Volterra	**Ausgangspunkt** Pisa (4 m)
	Karte Kümmerly + Frey 1:200000, Blatt 7 Toskana

Streckenbeschreibung   Pisa leitet sich aus dem etruskischen Wort für »Mund« ab und bezeichnet noch die Zeit, als der Serchio hier in den Arno mündete und sich in diesem Gebiet eine römische Militärkolonie bildete. Im Mittelalter zählte Pisa dann auch zu den führenden Seemächten des Mittelmeers, deren Flotte nicht nur zweimal die Sarazenen besiegte und die Muselmanen aus Palermo vertrieb, sondern um die Jahrhundertwende auch Karthago, Korsika und die Balearen eroberte. Durch die Versandung des Arno liegt Pisa nun allerdings 10 km vom Meer entfernt, und auch der Serchio hat sich einen Weg weiter nördlich gesucht. Wenn man Pisa nach unserer bisherigen Reise vielleicht als die am wenigsten toskanisch wirkende Stadt empfindet, mag dies vielleicht an der Nähe des Meeres und dem damit verbundenen hellen, weichen Licht liegen, das man vom Landesinnern her nicht gewohnt ist. Ungewohnt wirken auch die vielen reichverzierten, blendendweißen Marmorbauten. Vielleicht sollte man sich erst einmal in einer der vorzüglichen Trattorien stärken, bevor man sich auf den Weg in die nordwestlichste Ecke des alten Stadtkerns zur Piazza dei Miracoli (Platz der Wunder), wie der Dombezirk auch genannt wird, macht. Unvermeidlich zieht hier zuerst der »Schiefe Turm« die Aufmerksamkeit auf sich. Bald nach Baubeginn im Jahre 1173 begann sich dieser, wie in Italien üblich, freistehende Glockenturm zu neigen. Zwar wurde versucht, beim Weiterbau der Neigung des Turmes durch eine deutliche Krümmung in Gegenrichtung entgegenzuwirken, aber gelungen ist dies nicht. Mehr als 4½ Meter steht der etwa 55 m hohe Turm zur Zeit über und neigt sich jährlich weiter um einen Millimeter. Daß dies auch praktischen Nutzen haben kann, zeigt die Tatsache, daß Galileo Galilei hier seine Fallgesetze erprobte. Etwas zu Unrecht stehen der Dom Santa Maria – zweifellos eines der prächtigsten Bauwerke der Toskana, dessen Fassade im übrigen wie viele andere

Zwischen Empoli und ▷
Vinci (Tour 8)

Einsames Gehöft in der Crete (Tour 11)

Das Kastell von Monteriggioni (Tour 16)   ▷

Südlich von Siena bei Taverne d'Arbia (Tour 11)

Olivenhaine vor Vinci (Tour 8)

Der Monte Amiata von Westen (Tour 12)

In der südlichen Toskana (Tour 12)

Frühling in der Crete (Tour 11)

In der Umgebung von Empoli (Tour 8)

◁ Nicht mehr weit bis zur nächsten Stärkung (Tour 16)

Auf dem Weg zum Monte Amiata (Tour 12)

Der Gran Sasso von den südlichen Hängen des Aternotales bei der Auffahrt nach Rocca di Mezzo (Tour 27)

Hügellandschaft vor Volterra (Tour 16)

Der Burghügel von Serravalle mit seiner verfallenen Festung (Tour 13)

Blick auf Florenz bei der Auffahrt nach Fiesole (Tour 4)

Noch ist das Feld geschlossen auf der Chiantigana unterwegs (Tour 2 und 9)

Blick über die Abruzzen bei der Auffahrt zum Corno Grande (Tour 24)

Der Corno Grande, höchster Berg des Apennin (Tour 24) ▷

Bergdorf in den Abruzzen (Tour 25)

Blick über das Aternotal zum Gran Sasso (Tour 27)

Am Eingang zum Abruzzen-Nationalpark (Tour 25)

Karge Bergwelt in den Abruzzen (Tour 25)

Das Städtchen Vieste im Gargano (Tour 32)

Monte Pisano
Pisa
Arno
Vicarello
Valtriano
Ponsacco
Livorno
Laura
Lorenzana
Orciano Pisano
Pieve di San Luce
Santa Luce
Pomaia
Castellina Marittima
Volterra
Riparbella
S. Martino
Saline di Volterra
Cecina

Hm
750
500
250
Pisa 4
Vicarello 9
Orciano Pisano 122
Santa Luce 200
Castellina M. 375
Pomaia 177
Riparbella 216
Kreuzung 37
Saline 72
Volterra 531
10 20 30 40 50 60 70 80 90 100 Km
9,5 31,0 40,0 46,0 50,5 61,5 65,5 87,5 98,5

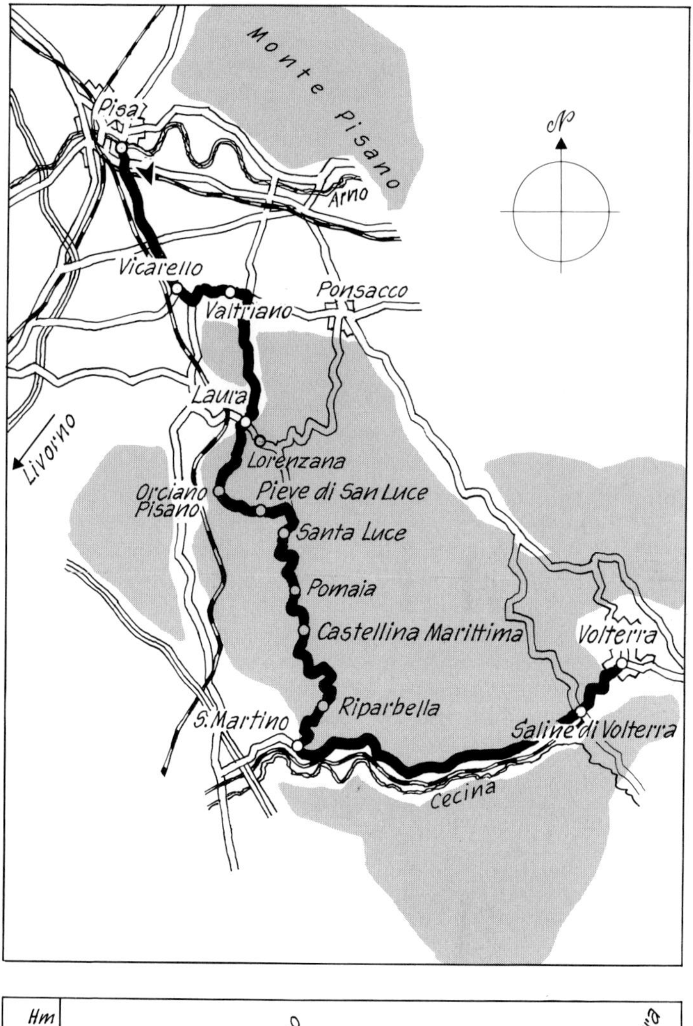

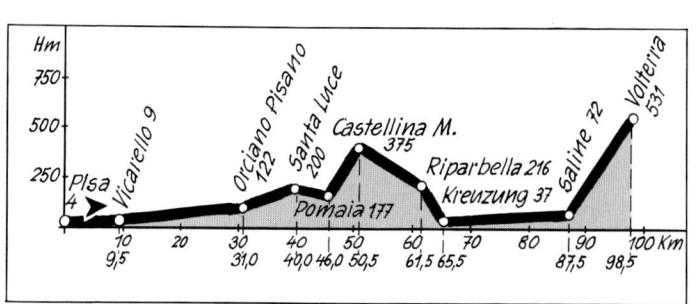

Gebäude, die auf diesem Schwemmland errichtet wurden, um 45 cm geneigt ist –, das Baptisterium, die Taufkirche und der Friedhof, der Camposanto, im Schatten des »torre pendente«.

Die Landschaft rückt dann wieder in den Vordergrund, wenn man Pisa, der Beschilderung »Roma SS 205« folgend, verläßt. In einer riesigen Ebene zu Füßen des Monte Pisana radelt man auf ebener Straße bis Vicarello (km 9,5) und darf, um von der vielbefahrenen Küstenstraße weg ins Landesinnere zu kommen, die nach »Ponsacco/Perignano« abzweigende Straße nicht übersehen. Hinter Valtriano (km 14,5) stößt man auf zwei Kreuzungen, an denen man der Beschilderung »Lorenzana/Cecina« folgt. Anfangs eben, steigt die Straße auf etwa 3 km Länge leicht an, um dann bis Laura wieder abzufallen. Den Abzweiger nach Lorenzana buchstäblich links liegen lassend, folgt man den Hinweisschildern »Cecina/Rosignano M.«. Vor Orciano Pisano (km 31,0) wartet ein längerer Anstieg, der allerdings 4% nicht überschreitet. Weiter Richtung »Cecina« fährt man über eine Kehre ab, und bis Pieve di San Luce (km 35,5) wechseln Anstiege bis 6% mit ebensolchen Abfahrten, bevor die Trasse leicht bis Santa Luce (km 40,0) ansteigt. »Castellina M.« und »Riparbella« sind die Hinweise, denen man nun nachfährt, und auf meist ebener Straße, die nur hin und wieder mäßig ansteigt und abfällt, rollt es am Rande einer fruchtbaren, leicht gewellten Hügellandschaft bis Pomaia (km 46,0) flott dahin. Über weite Schleifen mit einer zwischen 4 und 6% liegenden Steigung zieht das grobkörnige Asphaltband an den neben uns aufragenden Hügelrücken bis Castellina Marittima (km 50,5), während man weit im Westen an der Küste die rauchenden Schlote von Rosignano Solvay erkennt. Bis Riparbella (km 61,5) senkt sich die recht holprige Trasse nur leicht ab, bevor sie bis zu einer Kreuzung (km 65,5) stärker abfällt. Der ebene Streckencharakter, der uns am Beginn des Cecinatales erwartet, setzt sich lange bis Saline di Volterra (km 87,5) fort. Auf einem Hügel vor uns ist Volterra zu sehen, wohin die Straße über weite Schleifen und Steigungen zwischen 4 und 6% ansteigt, um erst knapp unterhalb des mittelalterlichen Mauerrings (km 98,5) zu enden.

16 Die toskanische Rundreise, 4. Abschnitt

Toskana

Strecke Volterra – Castel San Gimignano – Colle di Val d'Elsa – Monteriggioni – Siena	**Länge** 48,5 km
	Höhendifferenz 550 m
	Übersetzung 42/21
Charakter Leichte Radtour mit maximal 8% Steigung von Volterra nach Siena	**Ausgangspunkt** Volterra (531 m)
	Karte Kümmerly + Frey
Zeit 2¼–3½ Stunden	1:200000, Blatt 7 Toskana

<u>Streckenbeschreibung</u> Erreicht man von Pisa kommend die Kreuzung unterhalb der Stadtmauer, radelt man noch wenige Meter nach oben und betritt Volterra auf großflächigen Quadersteinen durch die selbst für unsere schmalen Fahrräder kaum Platz lassende Porta dell'Arco. Mehr als zweieinhalb Jahrtausende alt ist dieses aus Travertin und Tuffquadern errichtete Etruskertor mit seinen verwitterten Torbogenköpfen, die einst als Schutzgottheiten den Eingang zur Stadt bewachten. Wie die Umgebung – ein karges, zerfurchtes Hügelgebiet – fügt sich auch die Stadt mit ihrem eher herben Charakter nicht in das Bild einer lieblich milden Toskana ein, wie man es noch von der Anfahrt her, etwa bei Lucca und auch nach Pisa, in Erinnerung hat. Dazu beitragen mögen sicherlich die engen Gassen und die recht schmucklosen, aus dunklen Steinen errichteten Häuser. Hauptstadt des Alabasters wird Volterra auch genannt, und die Werkstätten der Alabasterbildschnitzer findet man gleich nahe dem Tor. In San Luce und Castellina Marittima – beides Orte, die man auf der Anfahrt berührt hat – wird dieser dem Marmor ähnliche, jedoch viel weichere, feinkörnig und durchscheinende weißlichgelb bis rötliche mineralische Gips abgebaut. Bemerkt hat man von den unterirdischen Gruben mit einem Netz von mehr als 25 km Länge allerdings nichts. Vom Turm des Palazzo dei Priori blickt man dafür nach Norden bis zum Apennin und zu den Apuanischen Alpen, und an klaren Tagen glaubt man weit im Westen, über die Schlucht der Balze hinweg, das Meer sehen zu können. Waren es früher die Gallier, Ligurer, Römer und Florentiner, von denen der Stadt Gefahr drohte, sind es heute die durch Erosion an den Lehmhängen entstandenen Abbrüche, die Balze, denen bereits Häuser und Teile der antiken Mauer zum Opfer fielen.

Verläßt man die Stadt (km 0,0) in Richtung Siena, läßt man es erst einmal 3 km abwärts rollen, bevor die Abfahrt nahtlos in einen etwa

83

2 km langen 6%igen Anstieg übergeht. Hat man die Auffahrt bewältigt, merkt man, daß sich die Umgebung verändert hat. Eine weite Hügellandschaft dehnt sich vor uns aus, an deren Hängen neben Wein und Oliven noch Getreide, Kirschen und Aprikosen angebaut werden und die die unwirtliche Balze rasch vergessen läßt. Leider ändert sich aber auch die Streckencharakteristik, wie man an den nunmehr folgenden ständigen Anstiegen und Abfahrten ebenfalls merkt. In Steigungen bis 8%, meist jedoch darunter, führt die Straße in 1, 2 km langen Aufschwüngen an den Hügeln hinauf, hält sich etwas auf den Kuppen, um dann, einmal sogar kurz mit Gefälle bis 11%, abzufallen. Etwa bis km 12,0 schwingt sich die Trasse so nach oben, bevor eine längere Abfahrt, von leichten Gegenanstiegen unterbrochen, bis Castel San Gimignano (km 16,0) ein angenehmeres Vorwärtskommen ermöglicht. Im Norden, winzig klein, ist in einem Hügeleinschnitt die Silhouette der Geschlechtertürme von San Gimignano zu erkennen, und man sollte sich überlegen, ob man an der Kreuzung nach dem Ort (km 16,5) der dorthin abzweigenden Straße folgt (siehe Beschreibung Tour 10). Wer direkt nach Siena möchte, radelt weiter in einen kleinen Talboden (km 21,0) ab, aus dem die Straße über Kehren mit Steigungen bis 8% nach oben führt. In der obersten Kehre kann man in der Ferne nochmals kurz San Gimignano erkennen. In Campiglia (km 22,5) geht die Steigung zurück, und auf ebener Straße erreicht man Colle di Val d'Elsa (km 25,0). Am alten Kastell vorbei fährt man erst einmal in den unteren Teil der Stadt, den man dann auf einer länger mit 6% ansteigenden Straße wieder verläßt. Vorbei am Kastell von Monteriggioni (km 37,5), einem einstigen Vorposten Sienas gegen Florenz, hält sich die Straße, von einem etwa 1 km langen 5%igen Anstieg abgesehen, meist eben bis leicht fallend. Erst kurz vor Siena zieht die Trasse noch einmal bis 7% ansteigend eine Kuppe hinauf (km 47,5), und die folgende Abfahrt stoppt kurz darauf eine Ampel am Ortsanfang von Siena (km 48,5).

Florenz
Chianti
San Gimignano
Colle di Val d'Elsa
Volterra
Monteriggioni
Castel San Gimignano
Siena
N

Hm
750
500
250
Volterra 531
Anstieg
Castel San Gimignano
377
Colle di Val d'Elsa
226
Monteriggioni
Abfahrt
378
471
Siena
322
274
Abfahrt
186
141
Abfahrt
5 10 15 20 25 30 35 40 45 50 Km
3,0
12,0
16,0
21,0
25,0
27,0
37,5
48,5

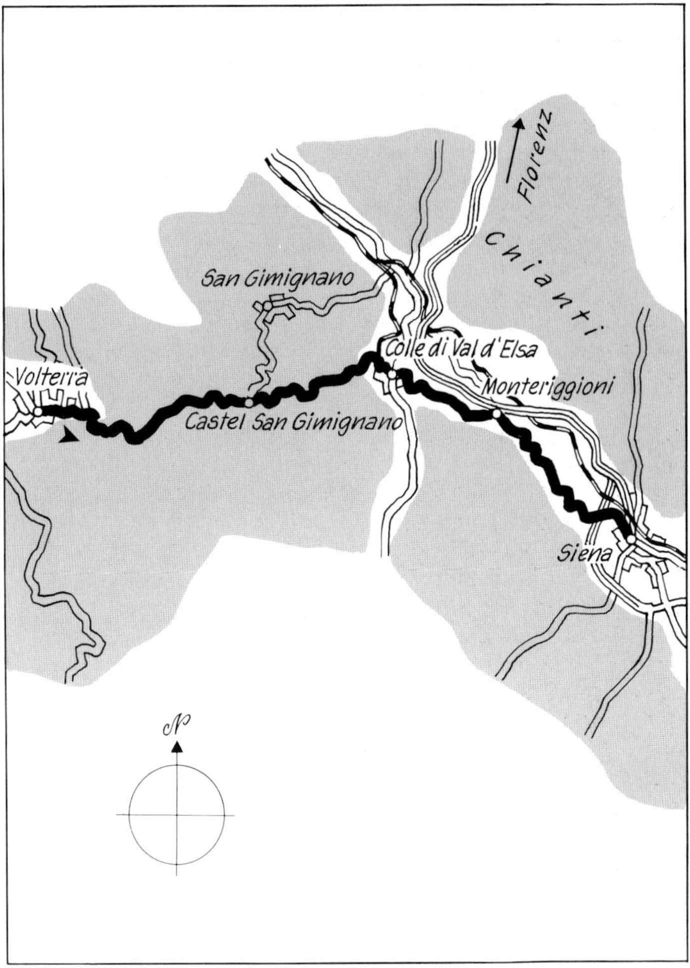

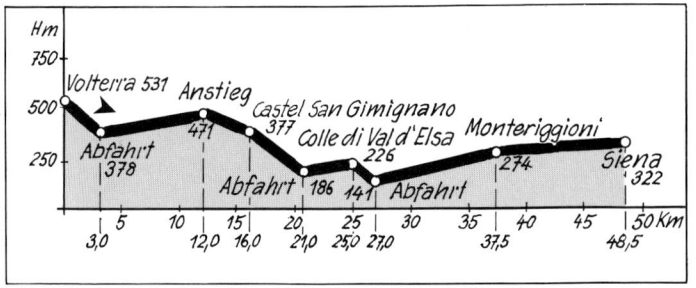

17 Die toskanische Rundreise, 5. Abschnitt

Toskana

Strecke Siena – Pianella – Castelnuovo Berardenga – Colonna di Grillo – Palazzuolo – Monte San Savino – Arezzo

Charakter Mittelschwere Radtour mit maximal 9% Steigung von Siena nach Arezzo

Zeit 2½–3½ Stunden
Länge 65,5 km
Höhendifferenz 680 m
Übersetzung 42/21–23
Ausgangspunkt Siena (322 m)
Karte Kümmerly + Frey 1:200000, Blatt 7 Toskana

Streckenbeschreibung Siena - Traum der Gotik, wie diese Dreihügelstadt zwischen dem Arbia- und Elsatal im Herzen der Toskana auch genannt wird. Die Renaissance, prägend für viele toskanische Städte, scheint hier spurlos vorübergegangen zu sein. Keineswegs zum Nachteil, denn obwohl die roten Backsteinpaläste im Verhältnis zu den engen Gassen zu hoch erscheinen, sind die Fassaden großzügig gegliedert, und der Sienesische Bogen – ein Spitzbogen auf flachem Rundbogen oder auf drei gotischen Spitzbogen mit Dreipaß – läßt viel Licht nach innen. Fast schwerelos wirkt so etwa der Palazzo Pubblico mit seiner lilienförmigen Spitze des Torre del Mangia, des im 14. Jahrhundert erbauten Rathausturms, im Gegensatz zu der schweren Masse des Florentiner Stadtpalastes. Und auch der zebragestreifte Dom, dessen Marmor natürlich aus Carrara in den Apuanischen Alpen stammt, scheint über dem ziegelroten Häusermeer zu schweben. – Sehenswertes in Siena? Die ganze Stadt ist ein Museum, dessen Schwerpunkt vor allem im Bereich des Doms und um den Piazzo del Campo, einem der schönsten mittelalterlichen Plätze der Welt, liegen. Nur ein Siebtel so groß wie Florenz, kann Siena auch heute noch neben der alten Rivalin am Arno bestehen, und in bezug auf die landschaftliche Umgebung ist sie eindeutige Siegerin.

Um ebenfalls in den Genuß dieser Landschaft zu kommen, folgt man der Beschilderung »Arezzo« nur bis zur Brücke über den Fluß, überquert dann aber die Bahnlinie und radelt der Beschilderung »Montevarchi« nach. Am Ortsende (km 0,0) ist Pianella unser erstes Ziel am Rande der Chianti-Berge bereits angeschrieben. Längere Steigungen bis 6% und ebensolche Abfahrten wechseln bis Pianella (km 8,0) ab, wo man, der Beschilderung »Castelnuovo B.« folgend, ins Tal der Arbia abbiegt. Die Straße hält sich aber in den Hügeln der östlichen Talseite, und so wechseln auch bis Castelnuovo

Florenz
Arno
Chianti
Arezzo
Pieve al Toppo
Pianella
Palazzuolo
Siena
Castelnuovo Bga.
Capraie
Colonna di Grillo
Monte San Savino
N

Hm
750
500
250
Siena 322
Pianella 225
Castelnuovo Bga. 351
270
Palazzuolo 578
Monte San Savino
Colonna di Grillo
330
Arezzo 296
8,0
19,0
25,5
37,0
46,0
65,5
10
20
30
40
50
60
70 Km

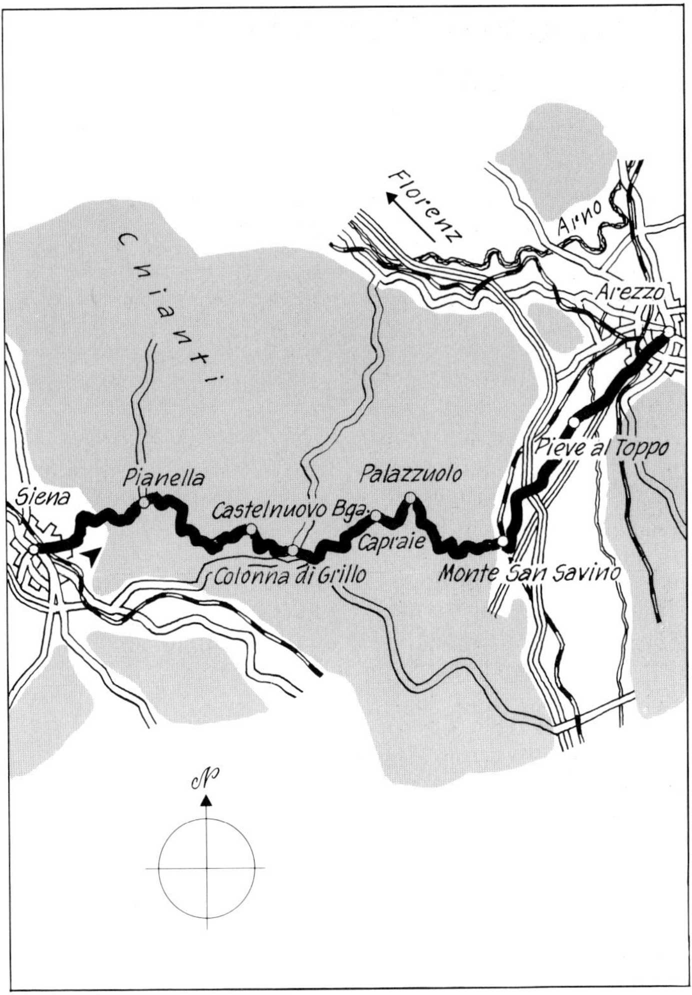

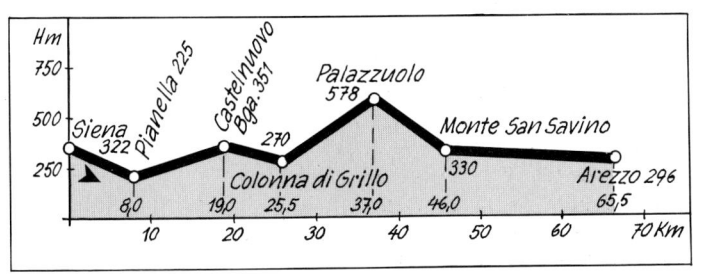

Berardenga (km 19,0) Anstiege, nur einmal 9% erreichend, sonst meist unter 7% liegend, mit Abfahrten und ebeneren Abschnitten ab. Nach den engen Gassen des Ortes folgt man kurz den Schildern »Siena/Arezzo«, dann den Hinweisen »Perugia/Arezzo« und kommt so, meist leicht abwärts radelnd, zu einer Straßenkreuzung bei Colonna di Grillo (km 25,5). Gleich zweimal ist unser Ziel hier angeschrieben, links geht es via Ambra, rechts via Monte San Savino nach Arezzo. Man sollte den schöneren und verkehrsärmeren Weg über Monte San Savino wählen, der zudem trotz der gegenteiligen km-Angaben an den Hinweisschildern kürzer sein soll, wie mir ein ortskundiger Radler, der mich auf dem nun folgenden langen Anstieg überholte, versicherte. Einsam wird die Umgebung, Buschwerk löst die Olivenbäume neben der Straße ab, deren Steigung jedoch meist unter 6% liegt. Bei der Häusergruppe von Capraie (km 33,0) ist eine Kuppe erreicht, aber über ein leichtes Auf und Ab steigt die Sraße noch bis Palazzuolo (km 37,0) an. Ginster, Buschwerk und hohe Zypressen begleiten die Straße, die sich noch etwas eben hält, bevor sie lange bis Monte San Savino (km 46,0) abfällt. Kein Bergdorf, sondern ein lebendiges, freundliches Städtchen ist es, das uns hier aufnimmt und gleich darauf ins Val di Chiana wieder entläßt. Breit und fruchtbar ist das Tal, dessen Sümpfe bereits die Medici im 16. Jahrhundert trockenlegen ließen. Nur die beiden kleinen Seen, der Lago di Chiusi und der Lago di Montepulciano, schilfbedeckt und fischreich, weiter im Süden und von uns nicht einsehbar, sind die Reste der einstigen Wassermassen. Auch der Chiana ist nur noch ein kleines Rinnsal, das wie wir Arezzo zustrebt, um dort in den Arno zu münden. Leicht hügelig ist auch der Talboden, wie man an den kurzen Anstiegen bis 6% – alle Abzweiger nach Arezzo ignorierend, denn diese führen nur auf die Schnellstraße – bald bemerkt. Immer kürzer und leichter werden diese Aufschwünge, und ab Pieve al Toppo (km 59,0) fehlen sie dann ganz. Eben rollt es lange, allerdings bei zunehmendem Verkehr weiter, bevor die Trasse auf den letzten 1,5 km bis Arezzo (km 65,5) noch einmal auf 5% ansteigt.

18 Die toskanische Rundreise, 6. Abschnitt

Strecke Arezzo – Castiglion Fibocchi – Loro Ciuffenna – Pian di Sco – Figline Valdarno – San Polo in Chianti – Grassina – Florenz	**Zeit** 3–4½ Stunden
	Länge 75,5 km
	Höhendifferenz 500 m
	Übersetzung 42/23
Charakter Mittelschwere Radtour mit maximal 12% Steigung von Arezzo nach Florenz	**Ausgangspunkt** Arezzo (296 m)
	Karte Kümmerly + Frey 1:200 000, Blatt 7 Toskana

<u>Streckenbeschreibung</u>   Arezzo liegt auf einem kleinen Hügel inmitten einer weiten Ebene, von Bergketten umgeben, die sich jedoch in breiten Tälern zu den Nachbargebieten öffnen. Bereits im 7. Jahrhundert wurde dieser Hügel von den Etruskern besiedelt, entwickkelte sich aufgrund seiner strategisch günstigen Lage bald zu einer der mächtigsten Etruskerstädte und erlebte im Laufe der Geschichte mehrere Blütezeiten. Heute begegnet man in »Arretium«, wie die Stadt von den Römern genannt wurde, vor allem den Spuren aus der Zeit zwischen dem Ende des 11. und dem des 14. Jahrhunderts. Etwa der phantasievoll erbauten Kirche Santa Maria della Pieve, die in Konkurrenz zu dem etwas höher gelegenen Dom steht. Der Dichter Francesco Petrarca wurde am 20. Juli 1304 in Arezzo geboren und ist der wohl bekannteste Sohn der Stadt, obwohl er wenige Monate nach seiner Geburt mit seinen Eltern nach Florenz zurückkehrte. In seinem Kern ist Arezzo vielleicht die am urbansten gebliebene der bisher besuchten Städte. Wer die Möglichkeit hat, sollte am ersten Sonntag im September eines der farbenprächtigsten toskanischen Feste, die Giostra del Saracino, besuchen. Wenn auf der Piazza Grande Reiter mit schweren Lanzen gegen die Sarazenen – hölzerne Puppen – kämpfen, fühlt man sich unweigerlich ins Mittelalter zurückversetzt. Aber auch der jeden ersten Samstag im Monat abgehaltene Antiquitätenmarkt, wo Händler aus ganz Italien diesen Platz in einen riesigen Basar verwandeln, läßt die Besucher voll auf ihre Kosten kommen.

Aus Richtung Siena trifft man, noch außerhalb des Ortszentrums, auf einen Kreisverkehr mit dem Hinweis »tutte le direzioni«. Folgt man hier der Beschilderung »Bibbiena«, erreicht man ohne große Umwege den Abzweiger (km 0,0) nach Castiglion Fibocchi, und auch Pian di Sco, unser weiteres Ziel, ist angeschrieben. Auf ebener Straße verläßt man die Stadt, an der Ponte a Buriano (km 7,0) regelt eine Ampel die Fahrt über den Arno, der hier zu einem kleinen See aufgestaut ist. Ein längerer 6%iger Anstieg geht in ein leichtes Auf und Ab bis Castiglion Fibocchi (km 11,0) über. »Loro Ciuffenna« und »Castelfranco di Sopra« sind die Hinweise, denen man hier folgt, und auch Pian di Sco ist ausgeschildert. Fast eben rollt es am Rande des breiten Arnotales, zu Füßen der Berge des Pratomagno, bis San Guistino Valdarno (km 18,0). Wer am Ortsanfang keinen Wegweiser findet, hält sich links und trifft im Ort wieder auf die Beschilderung nach Loro Ciuffena. Weiter setzt sich der unschwierige Streckencharakter fort, ruhig und verkehrsarm sind die Straßen und lassen keinen Vergleich mit der Hektik im Arnotal westlich von Florenz, am Beginn unserer Rundreise, aufkommen. Loro Ciuffena (km 27,5) liegt am Fuße des mehr als 1300 m hohen Monte Lori, und um nicht dort hinauf zu gelangen, folgt man im Ort der Beschilderung »Malva/Firenze«. Am Ortsende findet man wieder einen Hinweis auf Pian di Sco und erreicht auch diese Ortschaft (km 42,0) auf weiter unschwierig verlaufender Straße. Richtung »Figline V« rollt es erst einmal bis Vaggio (km 46,0) stärker abwärts, bevor man im Talboden auf ebener Trasse Figline Valdarno (km 49,0) erreicht. Der Arno wird überquert, eine Straße zweigt nach Siena/Greve ab, aber wir sollten den wenige hundert m danach folgenden Abzweiger nach Grassina/S. Polo (km 52,0) wählen, der uns auf direktem Weg nach Florenz bringt. Die Hügel der Chianti-Berge liegen wieder vor uns, wie man an der bis auf 8% ansteigenden Straße rasch bemerkt. Bis zu einer kleinen Ortschaft (km 54,0) hält die Steigung an und geht dann kurz zurück, um bis Poggio alla Croce (km 58,5) teilweise bis auf 10% zuzulegen. Aus der Ortschaft heraus nimmt die Steigung sogar nochmal kurz auf 12% zu, bevor es unter einer kleinen Brücke hindurch bis S. Polo in Chianti (km 62,5) rasant abwärts rollt. Entlang der wieder auf 10%, auf den letzten m nochmals auf 12% ansteigenden Trasse radelt man zu einem allein auf einer Kuppe stehenden Gehöft (km 65,0) hinauf. Nach einem kurzen Stück bergab geht es dann bis zum Gemeindeschild von Bagno a Ripoli (km 66,5) durch schattige Zypressen noch einmal leicht aufwärts. Vor uns breitet sich die toskanische Hügellandschaft mit ihren Weinbergen, Olivenbäumen, Äckern und Wiesen aus, während wir bis Grassina (km 72,0), von kurzen leichten Aufschwüngen abgesehen, abwärts radeln. Mit der Ruhe und Beschaulichkeit des Hinterlands ist es nun freilich vorbei; die Hektik und der Verkehr dieser Vorstadt nehmen uns auf, die bis nach Florenz (km 75,5) hinein auch nicht mehr nachlassen.

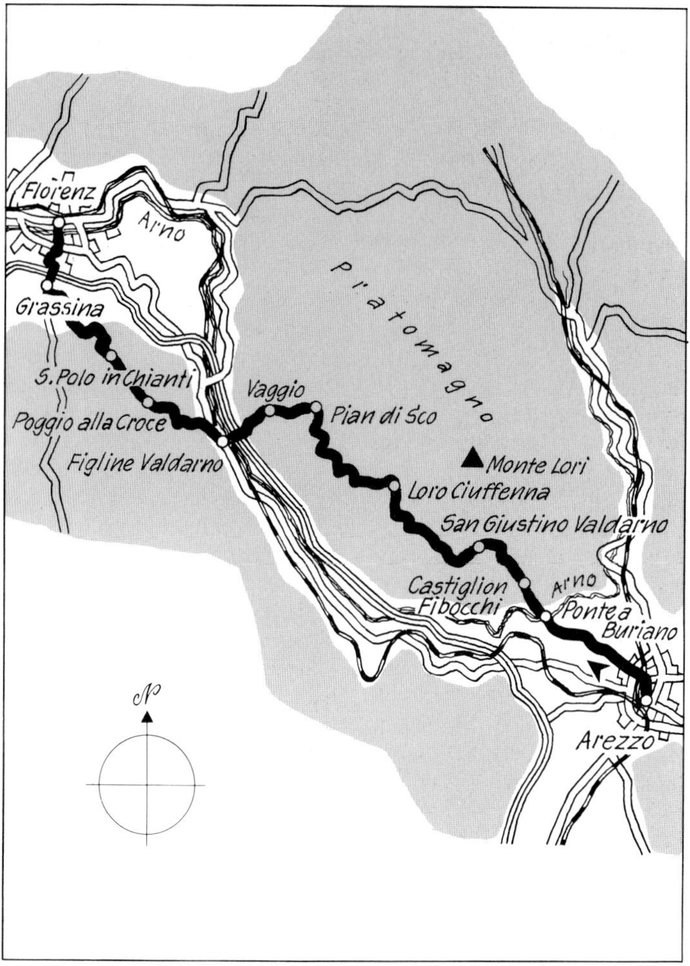

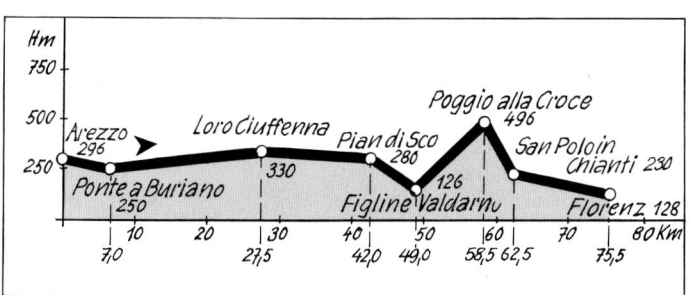

Florenz

Arno

Grassina

S. Polo in Chianti

Poggio alla Croce

Figline Valdarno

Vaggio

Pian di Sco

P r a t o m a g n o

▲ Monte Lori

Loro Ciuffenna

San Giustino Valdarno

Castiglion Fibocchi

Arno

Ponte a Buriano

N

Arezzo

Hm

750

500 — Poggio alla Croce
496

Arezzo
296

Loro Ciuffenna

Pian di Sco
280

San Polo in
Chianti 230

250 —

Ponte a Buriano
250

126
Figline Valdarno

Florenz 128

10   20   30   40   50   60   70   80 Km
7,0   27,5   42,0 49,0 58,5 62,5   75,5

91

19 Elba – Mittelteil

Strecke Portoferraio – Procchio – vor Marina di Campo – Lacona – Portoferraio	**Höhendifferenz** 470 m
	Übersetzung 42/23
Charakter Leichte Radtour mit maximal 9% Steigung zu den schönsten Buchten Elbas	**Ausgangspunkt** Portoferraio (3 m)
	Karte Kümmerly + Frey 1:200 000, Blatt 7 Toskana.
Zeit 1½–2¼ Stunden	KOMPASS 1:30 000,
Länge 32 km	Blatt 650 Isola d'Elba

<u>Streckenbeschreibung</u> Immergrüne, undurchdringliche Macchia an sanft gerundeten Bergformen, die sich bis in Höhen von 1000 m aufschwingen; einsame Bergdörfer in schattigen Kastanienwäldern; weite Buchten mit flachen, feinsandigen Stränden, aber auch abweisende, unzugängliche Küsten und Berghänge mit rostroten Erzgruben; ein schmaler Saum fruchtbarer Ebene, der langsam terrassenförmig ansteigt, dazwischen kleine Ortschaften und vereinzelte Landgüter; herber Ginsterduft und intensiv leuchtende Farben – das alles ist Elba. Diese drittgrößte Insel Italiens, zwischen Korsika und dem italienischen Festland gelegen, bildet zusammen mit mehreren kleineren Nachbarinseln den Toskanischen Archipel. Trotz der recht geringen Flächenausdehnung von 223 km², einer Ost-West-Länge von 27,5 km, einer Nord-Süd-Länge von nur 18,5 km und einem Küstenumfang von ca. 150 km bieten sich doch eine Reihe von Radtouren an, die durch die Gliederung der Insel in die drei großen Landschaftsformen West-, Mittel- und Ostelba fast zwangsläufig vorgegeben werden. Mit einer Radtour um den mittleren Teil zu beginnen, hat einen einfachen Grund: Es ist der kleinste Landschaftsteil, in dem sich uns im Gegensatz zum fast alpin erscheinenden westlichen Abschnitt keinerlei Schwierigkeiten in den Weg stellen. Man kann diese Tour, auch wenn man erst am späten Nachmittag auf die Insel übergesetzt hat, am selben Tag noch unternehmen und sich so einen ersten Eindruck über das Eiland verschaffen. Mit seinen weiten Buchten ist dieser Teil zudem die ideale Urlaubslandschaft, und wer noch ein Hotel oder einen Campingplatz suchen muß, wird beides hier finden.

Ausgangspunkt – wie im übrigen für alle Touren – ist ein Kreisverkehr am Ortsende von Portoferraio (km 0,0), den man zwangsläufig mit Verlassen des Hafens, den Hinweisen »tutte le direzioni« folgend, erreicht. Der Beschilderung »Procchio/Marina di Campo/Marciana« nach verläßt man Porteferraio auf anfangs noch ebener

Portoferraio
Golf von Biodola
Marciana Marina
Kreisverkehr
Procchio
E L B A
Monte Tambone
La Pila
Porto Azzurro
Campo nell' Elba
Lacona
Stella
Golf von Lacona
Golf von Stella
Calamita
Marina di Campo
N

Hm
750
500
250
Portoferraio 3
Anhöhe 146
Procchio 10
vor Marina di Campo 3
Monte Tambone 261
Kreuzung 26
Portoferraio 3
4
8
12
16
20
24
28
32 Km
3,5
7,5
12,0
16,5
25,5
32,0

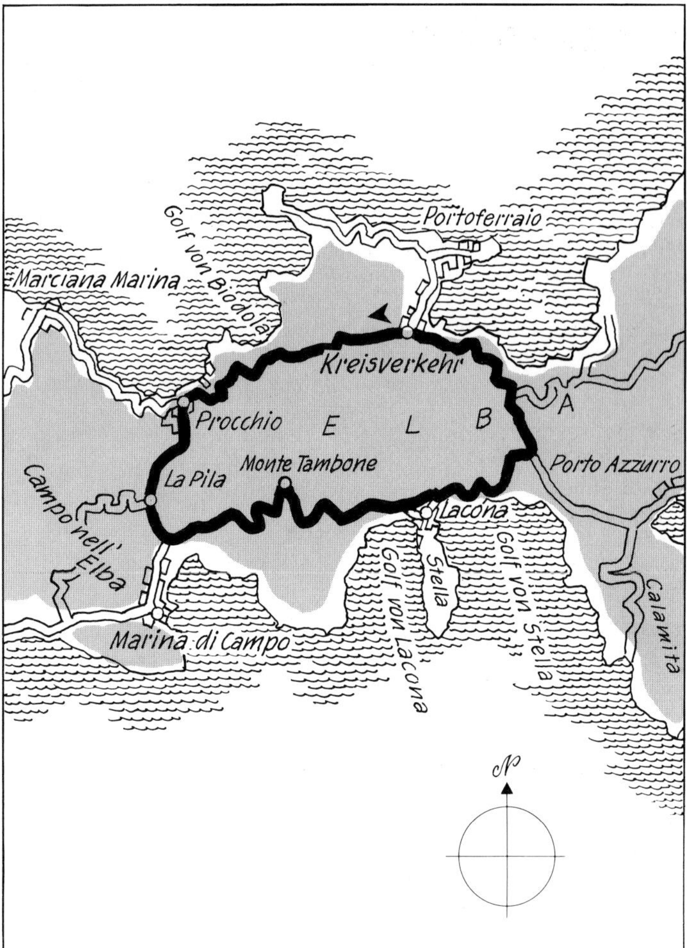

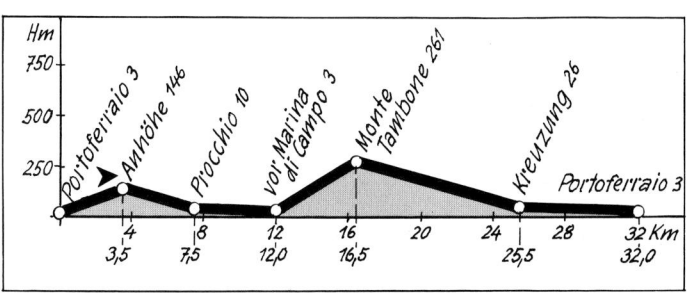

Straße, die jedoch bald auf 6% anzusteigen beginnt. Etwa bis km 3,5 hält die Steigung an, weit unten ist kurz der Golf von Biodola zu sehen, und auf anfangs stärker, dann leicht fallender Trasse radelt man bis Procchio (km 7,5) wieder abwärts. In dem ehemaligen Fischerdörfchen, das heute in steigendem Maße vom Tourismus lebt, hält man sich an die Abzweigung nach Marina di Campo. Die aus dem Ort herausführende Straße steigt nur kurz auf 6% an und geht in eine längere leichtere Abfahrt über, die uns weit hinunter in die fruchtbare Ebene von Campo nell'Elba bringt. Am Ortsschild von La Pila (km 10,5) vorbei radelt man noch ein Stück weit eben bis zu einer Straßenkreuzung vor Marina di Campo (km 12,0) und beginnt, der Beschilderung »Lacona/Porto Azzurro/Campo« folgend, schon wieder den Rückweg. Vor uns erhebt sich der Monte Tambone, ein mit dichtem Macchiakleid bedeckter Bergrücken, an dem sich die Straße durch das Valle di Filetto kurvenreich mit einer gleichbleibenden Steigung von 9% hinaufzieht. Auf der Paßhöhe (km 16,5) liegt das Meer dann zu unseren Füßen; deutlich sind die weit hinausragenden Halbinseln von Stella und Calamita zu erkennen, die die ausgedehnten Sandstrände der Buchten von Lacona und Stella begrenzen. Bis Lacona (km 21,5), einer Streusiedlung über der gleichnamigen Bucht, geht es rasant abwärts. Fast auf Höhe der Bucht angelangt, lädt der lange Sandstrand »Spiaggia Grande« zum Baden ein. Kurz darauf öffnet sich der noch ausgedehntere Golf von Stella vor uns, aber bald schon führt die wieder leicht abfallende Straße weg vom Meer ins Landesinnere. Eine Kreuzung (km 25,5) zeigt die Richtung nach Portoferraio, und dem mäßigen Auf und Ab der Straße folgend gewinnt man noch etwas Höhe. Auf einer kleinen Anhöhe (km 29,5) zeigt sich bereits der Hafen von Portoferraio, und die Straße fällt noch etwas ab, um dann eben zum Ausgangspunkt (km 32,0) zurückzuführen.

20 Elba – Westteil

Strecke Portoferraio – Procchio – Marciana Marina – Poggio – Marciana – Chiessi – Fetovaia – Marina di Campo – Procchio – Portoferraio

Charakter Leichte bis mittelschwere Radtour mit maximal 10% Steigung um das Massiv des Monte Capanne

Zeit 2½–3½ Stunden

Länge 63,5 km

Höhendifferenz 650 m

Übersetzung 42/23

Ausgangspunkt Portoferraio (3 m)

Karte Kümmerly + Frey 1:200 000, Blatt 7 Toskana. KOMPASS 1:30 000, Blatt 650 Isola d'Elba

Streckenbeschreibung Die im Norden und Süden weit vordringenden Buchten von Procchio und Marina di Campo lassen nur eine 4 km breite Landenge zwischen West- und Mittelelba zu. Zum größten Teil aus dem bis zu 1018 m hoch aufragenden mächtigen Granitmassiv des Monte Capanne bestehend, ist der Westen der alpinste Teil der Insel. Einige vom Zentralgipfel herabziehende, durch Erosion geschaffene Täler, die sich zum Meer hin öffnen, bieten Platz für kleine Sandbuchten, aber meist fällt die Küste mit bis zu 100 m hohen Klippen schroff ins Meer ab. Daß unsere Radtour jedoch nicht allzu schwierig wird, dafür sorgt die Straße, die fast ausnahmslos entlang der Küste um den Fuß des Bergstocks herumführt.

An unserem Ausgangspunkt, dem Kreisverkehr »tutte le direzioni« am Ortsende von Portoferraio (km 0,0), folgen wir wieder der Beschilderung »Procchio/Marina di Campo/Marciana«. Der vielleicht schon von der Mittelelba-Tour bekannte Anstieg bis km 3,5 liegt rasch hinter uns, und bis Procchio (km 7,5) rollt es wieder abwärts. Diesmal den Hinweisschildern »Marciana/Marciana Marina« nach, radelt man weiter am Meer entlang, von dem aber wegen des dichten Unterholzes neben der Straße kaum einmal etwas zu sehen ist. Hin und wieder kurz auf 6% ansteigend, gewinnt die Straße dennoch kaum an Höhe, und die wenigen erradelten Höhenmeter verliert man zudem wieder auf der die letzten 1,5 km bis Marciana Marina (km 13,5) leicht abfallenden Trasse. Richtung »Poggio/Marciana« wendet sich die Straße nun weg vom Meer, den hochaufragenden, grauen Felsspitzen im Landesinnern zu. Kurvenreich windet sich die Trasse durch Kastanienwälder nach oben, steigt dabei auf 10% an und erreicht die ersten Häuser von Poggio (km 19,0). Am Ortsende geht die Steigung in eine leichte Abfahrt über, und erst kurz vor Marciana (km 21,5) steigt die Straße wieder an. Das Bergnest ist der älteste Ort der Insel, und wer hier ins Zentrum hineinfährt, dem eröffnet sich bei einem »Belvedere« genannten Aussichtspunkt eine herrliche Sicht über das Meer mit den Inseln Capraia und Gorgona. Aber auch wer gleich am Ortskern vorbei abwärts rollt, wird von der Steilküste, gegen die das Meer anbrandet, beeindruckt sein. Lang hält die Abfahrt an, die erst tief unten bei einer kleinen Brücke (km 29,5) endet. Die felsigen Klippen verhindern, daß man ganz zum Meer hinunterfahren kann, und so hält sich die Trasse etwa 100 m über dem Meeresspiegel an den kahlen, nur spärlich mit Hartgräsern und Zwergsträuchern bedeckten Westhängen des Monte Capanne. Die vom Berg herabziehenden Schluchten und Rinnen erfordern bis Chiessi (km 35,0) ein zweimaliges Ansteigen und Abfallen der Straße, wobei sich die Steigung auf 5% beschränkt und meist darunter liegt. Kaum bemerkt, hat man dabei mit der Punta Nera auch den westlichsten Punkt der Insel erreicht, und durch die Ortschaft Pomonte (km 36,5) setzen sich diese längeren, aber leichten Anstiege und Abfahrten bis Fetovaia (km 40,5) fort. Die gleichnamige Bucht bietet erstmals wieder einen flachen Sandstrand, und ein etwas ins Meer vorstoßender Sporn bildet einen natürlichen Hafen für die ankernden Jachten. Anfangs leicht, dann auf 6% zunehmend steigt die Straße zu den Ortschaften Seccheto, an das sich Cavoli anschließt, hinauf, wobei man bei guter Sicht am Horizont die Inseln Pianosa und Montecristo erblickt. Bis km 46,5 hält die Steigung an, bevor man in die Ebene von Campo nell'Elba abfährt und die letzten km bis Marina di Campo (km 50,0) auf ebener Trasse zurücklegt. Das Touristenzentrum wird auf einer zweimal scharf Richtung Portoferraio abzweigenden Straße nur am Rande berührt, dann geht es zwischen Pinien, Weinbergen, Gemüsebeeten und Obstbäumen erst wieder hinter La Pila (km 52,5) bergauf. Über einen 1 km langen, meist unter 5% liegenden Anstieg wird die fruchtbare Talung verlassen, und bis Procchio (km 55,0) rollt man wieder abwärts. Die bei der Hinfahrt willkommene Abfahrt nach Procchio stellt nun einen Gegenanstieg dar, der mit einer bei 4% liegenden Steigung allerdings keine größeren Schwierigkeiten bietet. Er endet beim Amüsierbetrieb des »Club 64« (km 59,5), von wo man den größten Teil der verbleibenden Strecke zurück zum Ausgangspunkt (km 63,5) kaum mehr treten muß.

Portoferraio
Marciana Marina
Kreisverkehr
Marciana
Poggio
Procchio
Punta Nera
E
L
B
A
M.Capanne
La Pila
Chiessi
Campo nell'Elba
Pomonte
Seccheto
Fetovaia
Marina di Campo
Cavoli

Hm
750
500
250
Portoferraio 3
Anhöhe 146
Procchio 10
Marciana Marina 4
Marciana 335
Chiessi 13
Fetovaia 20
Anstieg 276
Marina di Campo 2
Procchio 10
Anhöhe 146
Portoferraio 3
10
20
30
40
50
60
70 Km
3,5
7,5
13,5
21,5
35,0
40,5
46,5
50,0
55,0
59,5
63,5

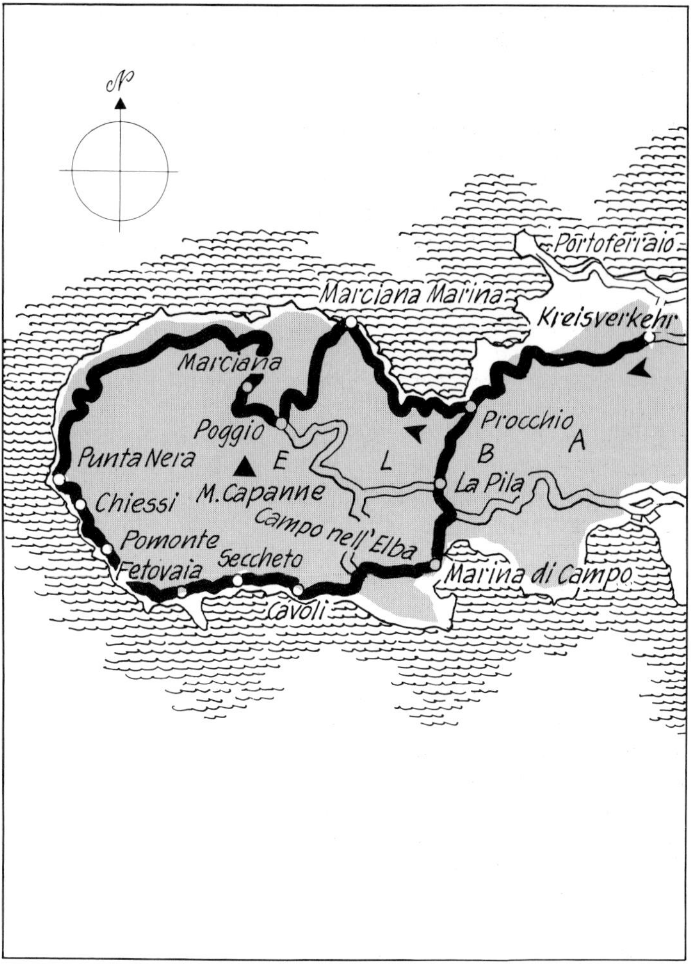

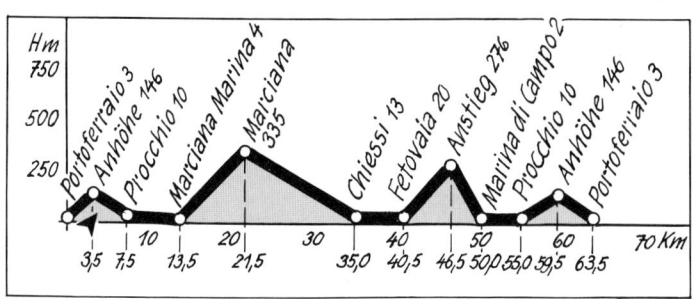

21 Elba – Ostteil

Strecke Portoferraio – Porto Azzurro – Rio nell'Elba – Rio Marina – Cavo – Rio Marina – Rio nell'Elba – Volterraio – Portoferraio

Charakter Leichte bis mittelschwere Radtour mit maximal 10% Steigung zu den Erzhügeln Elbas

Zeit 2½–3½ Stunden

Länge 56,5 km
Höhendifferenz 650 m
Übersetzung 42/23
Ausgangspunkt Portoferraio (3 m)
Karte Kümmerly + Frey 1:200000, Blatt 7 Toskana. KOMPASS 1:30000, Blatt 650 Isola d'Elba

Streckenbeschreibung   Durch eine schmale Landsenke zwischen dem Golf von Portoferraio und dem Golf von Stella wird Ostelba von Mittelelba getrennt. Sein nördlicher Teil, eine unerschlossene Berglandschaft, steigt landeinwärts leicht an und gipfelt in den Bergspitzen des Monte Serra und der Cima del Monte (516 m), deren von dunkelgrünen Macchiasträuchern bedeckte Hänge nur von schmalen Hirtenpfaden durchzogen werden. Früher wurde Eisenerz in diesen Hügeln abgebaut; deutlich heben sich die rostroten Felsabschürfungen aus dem Grün des Dickichts ab. Nach mehr als zweieinhalb Jahrtausenden wurden die Minen wegen der weltweiten Stahlkrise unrentabel und 1982 stillgelegt. Mit dem Wegfall dieser Industrie wandte sich Elba endgültig dem Tourismus zu, wobei sich dieser vor allem an den kleinen Sandstränden in der Umgebung von Porto Azzurro auch auf den Ostteil ausdehnt. Landschaftlich kann sich Ostelba nicht mit West- und Mittelelba messen, aber erst durch eine Befahrung dieses Teils läßt sich ein vollständiger Eindruck von der Landschaftsvielfalt der Insel gewinnen.

Unseren Ausgangspunkt, den Kreisverkehr am Ortsende von Portoferraio (km 0,0), verlassen wir diesmal den Hinweisschilder »Porto Azzurro/Rio nell'Elba/Rio Marina« folgend in östlicher Richtung. Eben auf den ersten 1,5 km, zieht die Straße mit 6% auf einer Länge von 1 km einen kleinen Hügel hinauf, um dann auf der anderen Seite genau so weit wieder abzufallen. Meist eben, nur hin und wieder von mäßigen Anstiegen und Abfahrten unterbrochen, radelt man durch die fruchtbare Ebene von Mola mit ihren Weinbergen, Olivenhainen, Obstbäumen und Getreidefeldern. Bald zeigt sich die schöne Bucht von Porto Azzurro, und vorbei an blühenden Agaven steigt die Straße auf dem letzten km in den Ort (km 11,0) auf 5% an. Die südlich von Porto Azzurro liegende Halbinsel Calamita ist trotz der Vorkommen an Magnetiteisenerz kaum erschlossen. Eine Legende erzählt, daß die Schiffe, die in ihre Nähe gerieten, an den

N
Cavo
M. Serra
Rio Marina
Portoferraio
Rio nell'Elba
Volterraio
Kreisverkehr
Cima del Monte
E L B A
Porto Azzurro
Capoliveri
Calamita

Hm
750
500
250
Portoferraio 3
Porto Azzurro 22
Anhöhe 140
Rio nell'Elba 132
Rio Marina 0
Cavo 2
Rio nell'Elba 132
Anhöhe 312
Kreuzung 29
Portoferraio 3
10
20
30
40
50
60 Km
11,0
16,0
20,5
22,5
30,5
43,0
45,5
49,0
56,5

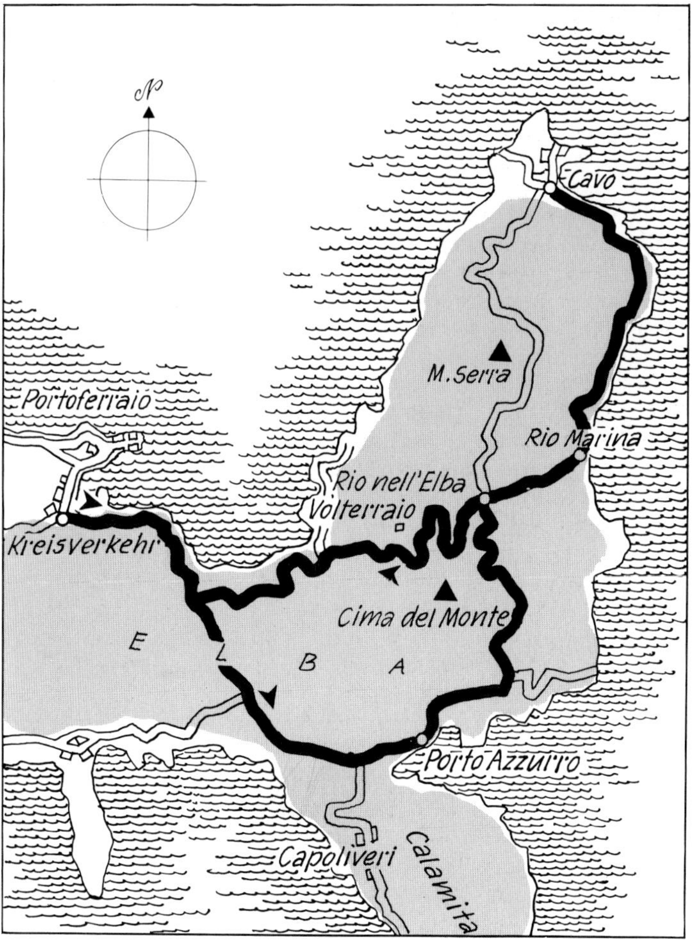

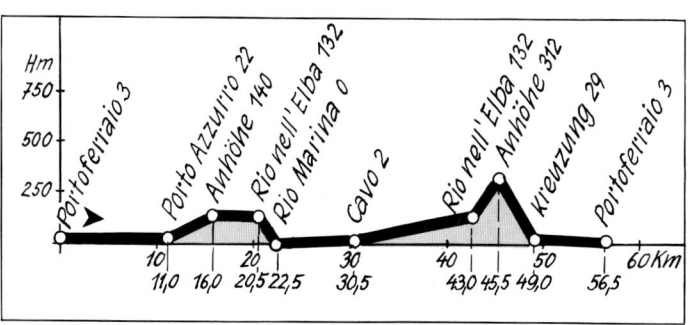

Felsen zerschellten, nachdem der Magnetberg die Eisennägel aus den Schiffsplanken gezogen hatte. Wir radeln da lieber Richtung »Rio nell'Elba/Rio Marina« auf die Gipfel des Monte Castello und der Cima del Monte zu. Zwar hält sich die Trasse unterhalb dieser Bergrücken, nimmt aber dennoch bald nach dem Ortsende auf 6% Steigung zu. Üppiger scheint die Natur hier zu sein als auf der Nordseite, mit Oleander, Zypressen und Palmen, aber schon bald begleitet unsere Auffahrt nur noch wildwucherndes Gestrüpp am Straßenrand. In einem Hügeleinschnitt (km 16,0) öffnet sich ein ausgedehnter Bergkessel, an dessen linkem Rand entlangfahrend man bis Rio nell'Elba (km 20,5) kaum Höhe verliert, bevor die Straße bis Rio Marina (km 22,5) stärker abfällt. In der ehemaligen Bergarbeitersiedlung ist man wieder auf Meereshöhe angelangt und folgt, sich an die Beschilderung »Cavo« haltend, der Straße zum nördlichsten Punkt der Insel. Am Ortsende erwartet uns nicht nur eine 8%ige Steigung, sondern auch die ersten aufgelassenen Erzgruben. Rötlicher Staub deutet die immer noch vorhandenen Eisenvorkommen in der Erde an; er liegt jedoch genau wie die Steigung bald hinter uns. Einer kurzen Abfahrt folgt ein nur wenig längerer 6%iger Anstieg über zwei Kehren, der die Sicht auf das Festland und die beiden winzigen Inseln Palmaiola und Cerboli eröffnet. Das langsame Abfallen der Straße bis Cavo (km 30,5) unterbrechen einige leichte Gegenanstiege, dafür ist im Ort die Weiterfahrt für uns zu Ende. An der Uferpromenade entlang geht es hinter den letzten Häusern zwar noch zu einem kleinen Pinienhain beim Hotel La Pineta (km 31,5); das kleine nach links abzweigende Sträßchen trägt dann allerdings die Aufschrift »Strada senza uscita« und ist nicht befahrbar. Somit bleibt für den Rückweg bis Rio nell'Elba (km 43,0) nur die Anfahrtsstrecke. An der Kreuzung vor dem Ort wählt man für die Weiterfahrt die Richtung »Portoferraio/Volterraio« abzweigende Straße, die an einem Bergkegel gleich mit 9% anzusteigen beginnt. Ein kurzer flacherer Abschnitt leitet in eine Kehrengruppe mit 10% Steigung über, die bis zum höchsten Punkt (km 45,5) nicht mehr zurückgeht. Dafür überblickt man fast den gesamten Westteil der Insel mit der Bucht von Portoferraio; auf einem Hügel vor uns ragt die Ruine der pisanischen Fluchtburg Volterraio auf. Zwei Felsen unterhalb der Burg bilden einen kleinen Hohlweg, nach dem die Straße steil bis zu einer Kreuzung (km 49,0) abfällt. Der Rückweg ist ausgeschildert, Schwierigkeiten erwarten uns keine mehr, und bald ist der Ortsanfang von Portoferraio (km 56,5) erreicht.

22 Elba – Auf den Monte Perone

Strecke Portoferraio – Procchio – Marciana Marina – Poggio – Monte Perone – Sant'Ilario – La Pila – Procchio – Portoferraio	**Länge** 44 km
	Höhendifferenz 900 m
	Übersetzung 42/26
Charakter Mittelschwere Radtour mit maximal 14% Steigung zum höchsten anfahrbaren Punkt der Insel	**Ausgangspunkt** Portoferraio (3 m)
	Karte Kümmerly + Frey 1:200 000, Blatt 7 Toskana. KOMPASS 1:30 000, Blatt 650 Isola d'Elba
Zeit 2¼–3 Stunden	

<u>Streckenbeschreibung</u> Der Westteil von Elba wird fast vollständig vom gewaltigen Bergstock des Monte Capanne (1018 m) beherrscht. Nach Norden hin mit freigelegten Granitplatten schroff und steil zum Meer abstürzend, fallen die Bergrücken des südlichen Teils deutlich langsamer und maßvoller ab. Während eine Straße entlang der Küste dieses Felsmassiv umrundet, durchquert eine andere seinen Inselteil und erreicht dabei mit dem 630 m hohen Monte Perone den höchsten anfahrbaren Punkt. Die Auffahrt stellt somit einen Höhepunkt im wahrsten Sinne des Wortes dar und zählt sicherlich zu den schönsten Unternehmungen, die man hier mit dem Fahrrad machen kann. Um den Genuß nicht zu schmälern, ist allerdings eine Bergübersetzung zwingend erforderlich.

Noch deutet nichts auf die landschaftlichen Schönheiten hin, die uns erwarten, wenn man den Kreisverkehr am Ortsende von Portoferraio (km 0,0), der Beschilderung »Procchio/Marina di Campo« folgend, verläßt. Der erste Teil der Tour bis Poggio ist mit der Route Westelba (siehe Nr. 20) identisch, und schon bald liegen der 6%ige Anstieg und die nachfolgende Abfahrt bis Procchio (km 7,5) hinter uns. Auch die Weiterfahrt bis Marciana Marina (km 13,5) weist keine Schwierigkeiten auf, bevor die Steigung bis Poggio (km 19,0) auf 10% zunimmt. In dem terrassenartig angelegten Ort, dessen Häuser sich meist zwischen jahrhundertealten Kastanien- und Steineichenwäldern vor uns verstecken, folgt man diesmal der beim Restaurant Monte Perone (km 19,5) geradeaus, mit »Monte Perone/Marina di Campo« ausgeschilderten Trasse. Eine schmale, aber gute Straße nimmt uns auf und führt in eine urwüchsige Landschaft an den Nordosthängen des Monte Capanne. Über einem kleinen dichtbewaldeten Tal auf der rechten Hangseite haltend, liegt die Steigung auf den nächsten beiden km fast ständig zwischen 10 und 12%. Wenig Blicke bleiben da für die Vielzahl verschiedener Gräser und Farnkräuter am Straßenrand, zwischen denen sich auch einzelne

Orchideen verbergen und die langsam von Kastanien- und Kiefernwald abgelöst werden. An einer Hangtraverse mit schöner Aussicht auf die Bucht von Procchio läßt die Steigung auf 6% nach, bevor ein etwa 100 m langer 14%iger Aufschwung das steilste Stück der Auffahrt darstellt. Bei auf 11% zurückgehender Steigung neigt sich die Trasse bald darauf zurück, und zwischen windgebeugten Pinien und Schwarzkiefern wird der höchste Punkt (km 23,5) erreicht. Dann eröffnet sich ein Panoramablick nach Süden über die von dichter Vegetation bedeckten Berghänge, die langsam ins Meer hinabzugleiten scheinen. In engen Kehren geht es nun am Fuße des schroffen Calanche entlang abwärts. Landschaftlich ist die Abfahrt bei weitem schöner als die Auffahrt, und wer sich etwas Zeit läßt, wird die rechts neben der Straße unter Bäumen versteckte Ruine der pisanischen Kirche San Giovanni entdecken. Wenig weiter ist der Turm von San Giovanni auf einem riesigen Granitblock nicht zu übersehen, der den Pisanern wohl im 11. oder 12. Jahrhundert zur Sicherung dieses strategisch wichtigen Übergangs gedient hat. Die Macchia zeigt mit rosaroten Zistrosen, Orchideen, goldgelbem Stechginster und den mannshohen Sträuchern der Baumheide vor allem im Frühling ihre schönste Farbenpracht, aus der sich die weißen Häuser von Sant'Ilario hervorheben. An einer Straßenkreuzung (km 29,5) links Richtung »Procchio« haltend, radeln wir bis zu dem auf einem Felssporn sitzenden Dörfchen (km 30,0) leicht ab, anschließend bringen uns sechs enge Kehren hinunter in die Ebene von Campo nell'Elba nach La Pila (km 33,5). Die fruchtbare Talschaft, auf die der Name des Ortes »Erntestapel« hindeutet, liegt nach einem etwa 1 km langen 5%igen Anstieg und der darauffolgenden Abfahrt bis Procchio (km 35,5) bald hinter uns. Der längere, 4% nur kurz im unteren Teil überschreitende Anstieg bis zur Bar Club 64 (km 40,0) folgt dann noch, bevor man bis zum Ausgangspunkt (km 44,0) wieder gemütlich abwärts rollt.

N
Portoferraio
Marciana Marina
Kreisverkehr
Poggio
Procchio
Monte Perone
Sant'Ilario
La Pila
M. Capanne
A
B
L
E
Campo nell'Elba
Marina di Campo

Hm
750
500
250
Portoferraio 3
Anhöhe 146
Procchio 10
Marciana Marina 4
Monte Perone 572
Poggio 324
St. Ilario 73
La Pila 11
Procchio 10
Anhöhe 146
Portoferraio 3
10
20
30
40
50 Km
3,5
7,5
13,5
19,0
23,5
30,0
33,5
35,5
40,0
44,0

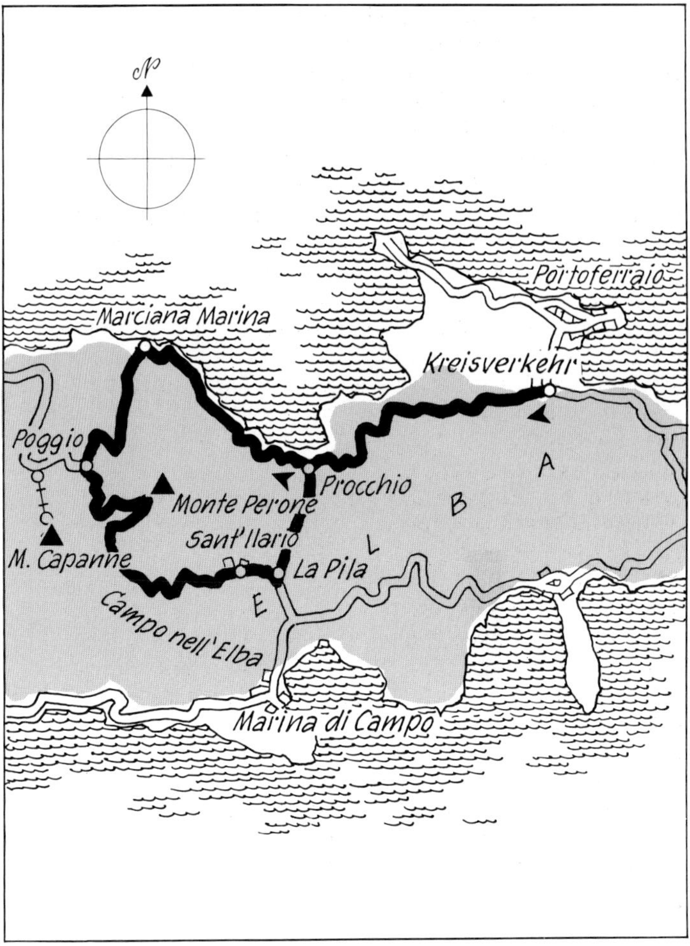

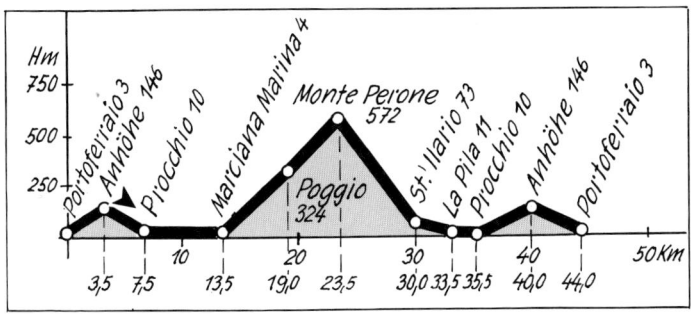

Abruzzen

23 Um den Lago di Campotosto

Strecke L'Aquila – San Vittorino – Arischia – Capannellepaß – Campotosto – Capannellepaß – L'Aquila	**Länge** 90 km
	Höhendifferenz 850 m
	Übersetzung 42/21–23
Charakter Mittelschwere Radtour mit maximal 6% Steigung in den Aquilianischen Abruzzen	**Ausgangspunkt** L'Aquila (728 m)
	Karte Kümmerly + Frey
Zeit 3¾–4½ Stunden	1:200000, Blatt 10 Abruzzen-Molise

<u>Streckenbeschreibung</u> Die Abruzzen, diese eigenständige Provinz im östlichen Mittelitalien, bieten landschaftliche Gegensätze auf engstem Raum, wie man sie ansonsten nur selten findet. Lange Adriastrände, vom Tourismus längst nicht mehr verschont; bergiges Hinterland mit einsamen, kurvenreichen Straßen, die hin und wieder auf uralte Bergdörfer treffen, in die sich selten Reisende verirren; einen Nationalpark, in dem es noch Wölfe und Bären gibt; und den höchsten Gipfel des Apennin, den fast 3000 m hohen Corno Grande. Im ganzen gesehen ist es über weite Flächen ein karges Land mit Felsen, hartnarbigen Weiden und meist niedrigen Wäldern. Von Schafzucht und Landwirtschaft lebt man im Landesinnern mehr schlecht als recht, und somit verteilt sich die Bevölkerung größtenteils auf die wenigen Großstädte. Doch sind es auch gerade diese Stille, die unverbaute Landschaft und das fast vollständige Fehlen von Fabrikschornsteinen und Industriebauten, die zwischenzeitlich für ein Ansteigen des Tourismus gesorgt haben. Und der Radler, der an einem schönen Sommertag hier unterwegs ist, wird dies durch ein erhöhtes Aufkommen motorisierter Verkehrsteilnehmer feststellen. Freilich, solche Ausmaße, wie man sie etwa in den heimatlichen Alpen findet, nimmt dieser Besucherstrom nie an, und Ende April/Anfang Mai oder Ende September/Anfang Oktober ist es hier noch wirklich einsam. Wer einen Einblick in die Welt der Abruzzen gewinnen möchte, sollte mit einer Fahrt zum Lago di Campotosto, einem nördlich von L'Aquila gelegenen, fast 15 km² großen Stausee, beginnen, der, von Wiesen, Feldern und kleinen Ortschaften umgeben, natürlich in die Berglandschaft eingebettet ist.

Man verläßt die Provinzhauptstadt L'Aquila (km 0,0), die sich weit verstreut zu Füßen des Gran-Sasso-Massivs ausbreitet, in nordwestlicher Richtung auf der Staatsstraße Nr. 80, der Beschilderung »Teramo« folgend. Im breiten Talbecken des Aterno rollt es eben bis San Vittorino (km 5,5), und an der nachfolgenden Straßenkreuzung (km 7,5) folgt man weiter der Richtung »Teramo« abbiegenden

Straße. Langsam nimmt die Steigung auf 6% zu, und mit Arischia (km 8,5) passiert man für längere Zeit die letzte Ortschaft. Etwas über dem Dorf wird die erste Kehre erreicht, und mit weiter gleich-bleibender 6%iger Steigung zieht die Straße an einem bewaldeten Hang aufwärts. Hin und wieder gibt die Trasse den Blick nach unten frei, aber viel ist außer den roten Dächern von Arischia und den Hügelbegrenzungen der gegenüberliegenden Talseite nicht zu erkennen. Wer auf ein Zunehmen der Steigung gewartet hat, wird angenehm enttäuscht. Mit gleichmäßigen 6%, von längeren flache-ren Abschnitten unterbrochen, zieht die Straße bergan und gibt so einen guten Einblick in die Steigungscharakteristik der Abruzzen-straßen, die, von wenigen Ausnahmen abgesehen, in der gesamten Region so anzutreffen sind. In einer weiten Schleife verschwindet die Straße in einem Hügeleinschnitt, ein verfallenes Straßenwärter-häuschen (km 20,0) wird erreicht und kurz darauf ein Schild mit der Aufschrift »Pso. d. Capannelle 1300 m« (km 21,0). Der Monte San Franco zeigt seine felsige Seite, karges Grün und viele Steine bedecken die Hochfläche, auf der wir uns befinden, bevor wir es bis zu einer Straßenkreuzung (km 25,5) erst einmal mit Gefälle bis 4% abwärts rollen lassen. Die Abzweigung zum See ist beschildert, und die Steigung bis zum Erreichen der Staumauer (km 30,5) liegt meist unter 5%. Gleich darauf haben wir den See vor uns, dessen größter Teil sich allerdings noch versteckt hält. Der Beschilderung »Campo-tosto« folgend radelt man auf ebener Straße am südlichen Ufer ent-lang, wobei langsam die Ausmaße des Sees erkennbar werden. Die weiterhin eben verlaufende Straße läßt uns allerdings schnell voran-kommen, und bald ist der auf einem kleinen Hügel über dem See liegende Hauptort Campotosto (km 43,0), zu dem die Trasse auf den letzten 500 m mit 6% ansteigt, erreicht. In Ortsmitte fällt die Straße wieder ab, eine Linkskurve zwingt sogar zum Bremsen, dann rollt es eben weiter bis Poggio Cancelli (km 49,0) am nördlichen See-Ende. Der Beschilderung »Ponte delle Stecce/Mascioni« folgend wird der Rückweg angetreten, und entlang des Monte Civitella wechseln kurze Steigungen bis 5% mit langen flacheren Abschnitten und Abfahrten ab. An der Abzweigung nach Mascioni (km 57,0) vorbei – die in den Ort führende Straße endet nach wenigen km am westli-chen Seeufer – überquert man auf einer modernen Spannbeton-brücke den See. Am Stauwehr (km 58,5) angelangt, fordert nach der Abfahrt zur Kreuzung (km 63,5) nur noch die etwa 4,5 km lange 4%ige Gegensteigung zurück zum Capannellepaß (km 69,0) etwas Krafteinsatz, bevor es wieder lange hinunter ins Aterno-Tal (km 82,5) rollt und man die letzten km zum Ausgangspunkt (km 90,0) auf ebe-ner Strecke zurücklegt.

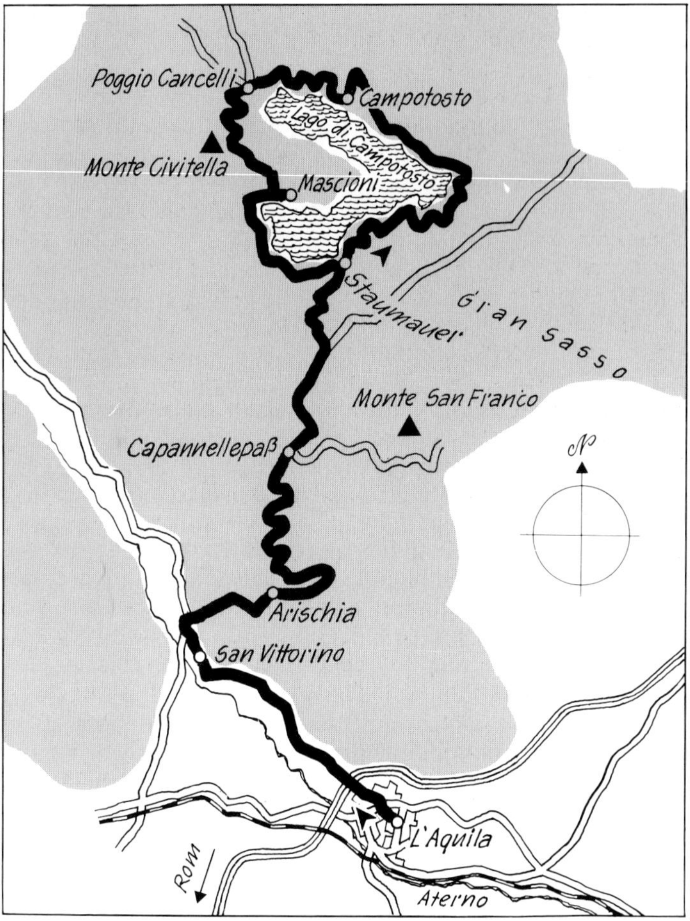

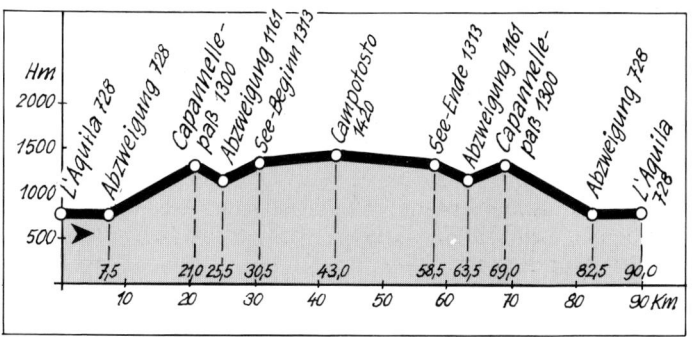

Poggio Cancelli
Campotosto
Lago di Campotosto
Monte Civitella ▲
Mascioni
Gran Sasso
Staumauer ◄
Monte San Franco ▲
Capannellepaß
N°
Arischia
San Vittorino
Rom
L'Aquila
Aterno

Hm
2000
1500
1000
500

L'Aquila 728
Abzweigung 728
Capannellepaß 1300
Abzweigung 1161
See-Beginn 1313
Campotosto 1420
See-Ende 1313
Abzweigung 1161
Capannellepaß 1300
Abzweigung 728
L'Aquila 728

7,5   21,0 25,5   30,5   43,0   58,5 63,5 69,0   82,5 90,0
10   20   30   40   50   60   70   80   90 Km

24 Zum höchsten Berg der Abruzzen

Strecke L'Aquila – Fonte Cerreto – Albergo Imperatore
Charakter Mittelschwere Radtour mit maximal 13% Steigung zum Corno Grande
Zeit 2½–3¼ Stunden
Länge 44,5 km
Höhendifferenz 1505 m

Übersetzung 42/26

Ausgangspunkt L'Aquila (728 m) oder Fonte Cerreto (1100 m), 18 km nördlich von L'Aquila; Autobahnausfahrt »Assergi«

Karte Kümmerly + Frey 1:200 000, Blatt 10 Abruzzen-Molise

Streckenbeschreibung   Unmittelbar nördlich von L'Aquila erreicht der Apennin mit der gewaltigen Felsmauer des Gran-Sasso-Massivs seine höchste Erhebung. 2912 m mißt die höchste Spitze, der Corno Grande, zu dem auch eine Seilbahn hinaufführt. Auch eine Straße gibt es, die genau wie die Seilbahn auf 2130 m endet und somit fast der höchste für uns anfahrbare Punkt in den Abruzzen wäre, gäbe es nicht weiter östlich in der Maiella-Gruppe eine Straße auf die Maielletta (siehe Tour 29), die um ganze 12 m höher ist. Leicht sind beide Auffahrten nicht, der Weg zum Corno Grande ist aber der weitaus alpinere, der uns mitten hinein in eine nur von kahlem Fels bedeckte Hochgebirgswelt führt.

Wenn man die Abruzzen auch als einsamen Teil Italiens bezeichnet, so trifft dies für die geschäftige Hauptstadt L'Aquila und deren nähere Umgebung sicherlich nicht zu. Um dem hier vorherrschenden Verkehrsaufkommen zu entgehen, sollte man die Tour deshalb am besten an der Talstation der Seilbahn zum Corno Grande beginnen, einer 1100 m hoch gelegenen Ansammlung weniger Hotels, die Fonte Cerreto genannt wird. Der weitaus schönste Teil der Auffahrt und genügend Höhenmeter liegen hier noch vor uns. Wer sich die zusätzlichen knapp 18 km und etwa 400 Hm von L'Aquila aus aber nicht entgehen lassen will, hält sich am besten an die Hinweisschilder »Funivia«. Am Stadtende (km 0,0) rollt es erst einmal bis Tempera (km 5,0) hinunter. Lange wechseln dann im Tal der Acqua di San Franco leichte Anstiege mit fast ebenen Abschnitten ab, bevor hinter Camarda (km 11,0) die Steigung bis Fonte Cerreto (km 18,0) auf 6% zunimmt. Hier trifft man dann mit denjenigen zusammen, die bequem mit dem Auto heraufgefahren sind und die Autobahn bei der Ausfahrt »Assergi« verlassen haben. Nur eine Straße führt von Fonte Cerreto (km 18,0) in östlicher Richtung; Hinweisschilder zeigen eine ganze Reihe von Ortschaften an, von denen man allerdings keine einzige erreichen wird. Die Straße steigt

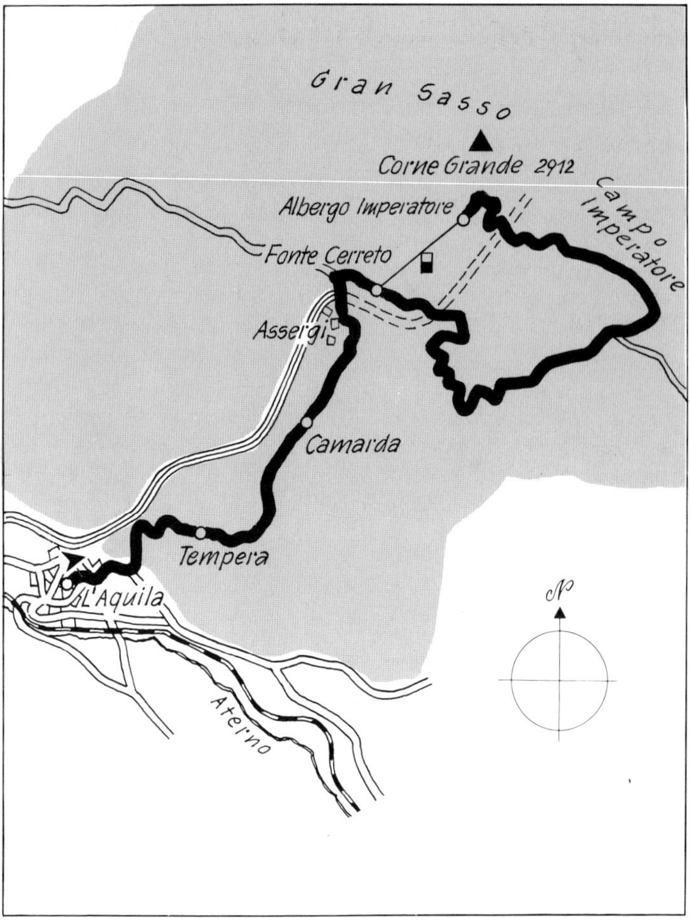

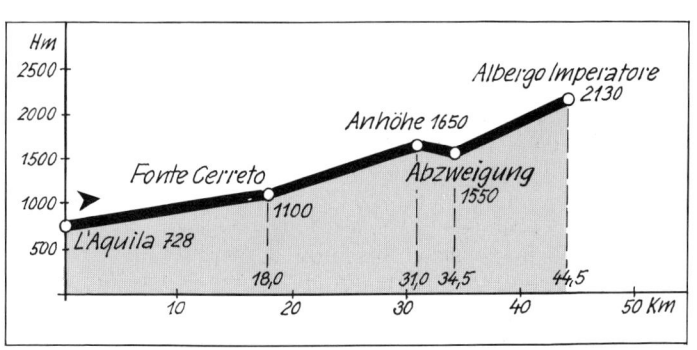

Gran Sasso

Corne Grande 2912

Albergo Imperatore

Fonte Cerreto

Assergi

Camarda

Tempera

L'Aquila

Aterno

Campo Imperatore

N

Hm

2500

2000

1500

1000

500

Albergo Imperatore 2130

Anhöhe 1650

Abzweigung 1550

Fonte Cerreto 1100

L'Aquila 728

18,0   31,0 34,5   44,5

10   20   30   40   50 Km

auf 4% an, hin und wieder auch bis 6%, während uns in größeren Abständen Schilder mit Höhenangaben über unser Vorankommen informieren. Langsam nimmt die Sicht zu und gibt den Blick auf die Weiträumigkeit der Abruzzenlandschaft frei. Weit führt uns die Straße in die Hügellandschaft des Campo Imperatore am Fuße des Gran Sasso, und fast scheint es, als ob die Straßenbauer zu Ehren des Staufenkaisers Friedrich II., nach dem dieses Gebiet benannt wurde, um jeden der zahllosen Hügel eine Schleife legen wollten. Friedrich II. führte hier im 12. Jahrhundert ein straffes, unverhohlen antipäpstliches Regime, das in den Kriegen zwischen den Staufertreuen Ghibellinen und den papsttreuen Guelfen unter dem Welfen Otto IV. gipfelte. Der Staufer ging als Sieger aus dieser komplizierten Bündnis- und Kleinkriegspolitik hervor, gründete unter anderem die Stadt L'Aquila, und so wurden diese Hänge ihm zu Ehren benannt. Hin und wieder nimmt die Steigung, je höher man kommt, auch einmal auf 8% zu, geht aber, als hätte sie sich schon zuviel zugemutet, bei km 31,0 in eine lange Abfahrt über, die an einer Straßenkreuzung (km 34,5) endet. Der Beschilderung »Albergo Campo Imperatore« folgend, wendet sie sich nun wieder unserem Ziel zu, wobei wir ein schönes Hochtal mit grünen Wiesen, die im Frühjahr von unzähligen Krokussen und Enzianen bedeckt sind, erreichen. Die Straße bleibt eben, und vor uns gibt der Corne Grande seine Form frei wie ein Dolomitengipfel, der sich weit in den Süden verirrt hat. Nach etwa 2 km nimmt die Steigung der Straße, die sich der linken Seite eines felsigen Talkessels nähert, anfangs auf 6%, dann bis auf 11% zu. Die Spitze des Corno Grande verschwindet wieder, und an einer weiteren Straßenkreuzung (km 42,0) hat man dann die letzten, schwierigsten km zum Albergo Campo Imperatore unter den Rädern. Kurz etwas flacher, steigt die Trasse auf die Hälfte der verbleibenden Strecke bis 13% an, bevor sie sich endgültig auf 9% bis zum Parkplatz am Endpunkt der Seilbahnstation (km 44,5) zurücklegt. Noch Ende April, wenn sich die ersten Römer bereits am Tyrrhenischen Meer sonnen, nutzen hier oben einige die letzten spärlichen Schneereste zum Skifahren oder Langlaufen. Und wer noch etwas Geschichte möchte: In dem verfallen wirkenden Betonblock des Hotels Campo Imperatore neben der Seilbahnstation war Mussolini nach Badoglios Staatsstreich gefangengesetzt, bis ihn im September 1943 deutsche Truppen befreiten.

25 Durch den Abruzzen-Nationalpark

Strecke Pescina – Gioia dei Marsi – Gioia Vecchio – Diavolopaß – Pescasseroli – Opi – Villetta Barrea – Godipaß – Scanno – Anversa degli Abruzzi – Casale – Selvapaß – Pescina

Charakter Schwere Radtour mit maximal 6% Steigung über den Passo di Diavolo

Zeit 5¼–7 Stunden
Länge 114,5 km
Höhendifferenz 2020 m
Übersetzung 42/23
Ausgangspunkt Pescina (735 m), ca. 20 km nördlich von Arezzo; Autobahnausfahrt »Pescina«
Karte Kümmerly + Frey 1:200 000, Blatt 10 Abruzzen-Molise

Streckenbeschreibung Schon fast am Rande der Abruzzen, an der Grenze zur Provinz Molise, breitet sich der Abruzzen-Nationalpark aus, ein 400 km² großes Areal, in dem die Bergwelt mit ihrer Flora und Fauna noch weitgehend sich selbst überlassen ist. Bekannt ist dieser Nationalpark vor allem durch den dort noch lebenden Apennin-Wolf; aber auch 70 bis 100 Braunbären gibt es hier, deren Bestand somit mit Ausnahme des Balkans zum größten in Europa zählt. Die Chancen, einem dieser scheuen Gesellen bei einer Radreise durch den Park zu begegnen, ist leider oder glücklicherweise äußerst gering. Die Wölfe kann man allerdings bei Civitella Alfedena beobachten, wo einige zur Erforschung ihres Verhaltens in Gehegen gehalten werden. Wer gewaltige Felsformationen oder Berggipfel erwartet, wird enttäuscht werden, aber wer die unberührte, ursprüngliche Natur liebt, der kommt hier voll auf seine Kosten.

Günstiger Ausgangspunkt ist das Städtchen Pescina (km 0,0), etwa 20 km östlich von Avezzano gelegen und über eine Autobahnanschlußstelle gut zu erreichen. Der Beschilderung »Pescasseroli« folgend, radelt man auf völlig ebener Straße bis Gioia dei Marsi (km 8,5). Nach dem Ort beginnt die Straße auf 6% anzusteigen und führt nun lange bei kaum einmal nachlassender Steigung durch Krummholz und dichtes Buschwerk aufwärts. Weit oben öffnet sich vor uns ein kleines Hochtal, und man sieht die Kirche von Gioia Vecchio, zu der die Straße nun etwas langsamer ansteigend über die linke Talseite hinaufzieht. Der Ort (km 22,5) bildet das Eintrittstor in den Nationalpark. Auf fast ebener Straße radeln wir weiter Richtung Diavolopaß. Dies ist wohl der schönste Teil des ganzen Parks, den man bereits jetzt erreicht hat. Die Berghänge ringsum tragen das satte Grün alter Buchenwälder, die wenige hundert m unterhalb der kahlen runden Bergkuppen abrupt enden. Verschiedene Ahorn-

111

arten geben den Wäldern im Frühjahr und Herbst einen rötlichen Schimmer; Schwarzkiefern, Erlen und in höheren Lagen Bergkiefern sind zu erkennen. Heidelbeeren, Bärentraube und Wacholder überziehen die Matten neben der Straße, die bei einer Berghütte (km 25,5) plötzlich abfällt. Wir haben den Diavolopaß erreicht, auf den uns allerdings kein Schild aufmerksam macht, und auch ansonsten ist hier nichts Diabolisches zu entdecken. Ganz im Gegenteil, die anfangs in schön geschwungenen Kurven abfallende Straße bietet eine genußvolle Abfahrt bis Pescasseroli (km 35,5), dem Fremdenverkehrszentrum des Parks. Richtung »Scanno« rollt man dann noch einige km leicht bergab, bevor man über leichtere Anstiege und ebene Abschnitte Opi (km 41,5) erreicht. Der Beschilderung »Castel di Sangro« folgend, radelt man durch eine kleine Talverengung bis Villetta Barrea (km 50,5) weiter abwärts, und wer hier die Abzweigung nach Civetella Alfedena nicht übersieht und die zusätzlichen 100 Hm nicht scheut, kann die anfangs erwähnten Apennin-Wölfe besuchen. Wer gleich die Rückfahrt antreten möchte, verläßt das langgestreckte Straßendorf Richtung »Scanno«. Durch schattigen Kiefernwald führt das gute Asphaltband an den Hängen des Monta Mattone mit 4% aufwärts. Die Hangseite wird gewechselt, rückblickend ist der Stausee von Barrea zu erkennen, und der Wald geht zurück. Dafür nimmt die Steigung bis auf 6% zu; schier endlos scheint die Straße an den kargen Hängen vor uns anzusteigen. Bei km 63,5 läßt die Steigung nach, ein Hügeleinschnitt gibt den Weg in ein Hochtal frei, einige Hotels und zwei Schlepplifte (km 65,5) deuten Wintersport an, und wir radeln eben weiter bis zum Passo Valico di Monte Godi (km 66,5). Mit der nach Scanno (km 80,0) hinunterführenden Straße verlassen wir auch das eigentliche Parkgebiet. Im Ort fallen uns die schwarzen Trachten der Frauen auf. Über drei enge Kehren fährt man weiter zum Stausee von Scanno hinunter und an dessen östlichem Ufer, die hier nach »L'Aquila/Roma« abzweigende Straße buchstäblich links liegen lassend, bis zum See-Ende (km 84,5). Durch eine schmale, tief eingeschnittene Schlucht geht es rasant weiter abwärts bis Anversa degli Abruzzi (km 93,0), mit dessen enger Ortsdurchfahrt die Schlucht allerdings kaum zu konkurrieren vermag. Die Landschaft weitet sich wieder, die Straße steigt auf 6% an, und wer sich seine Kraft nicht eingeteilt hat, wird dies nun spüren. An Casale (km 96,5) vorbei rollt es noch einmal kurz bergab, dann steigt die Trasse, den ganzen kahlen Berghang, der das Tal vor uns begrenzt, in einer riesigen Schleife ausnutzend, mit 6% nach oben. Erst ein 285 m langer Tunnel (km 104,0), kaum niedriger als der Bergrücken, den er durchstößt, kündigt das Ende der Steigungsstrecke an. Bis zum Ausgangspunkt (km 114,5) geht es dann nur noch abwärts.

Selvapaß
Avezzano
Pescina
Casale
Anversa degli Abruzzi
Gioia dei Marsi
Stausee von Scanno
Scanno
Gioia Vecchio
Diavolopaß
Godipaß
Nationalpark
Civetella Alfedena
N
Pescasseroli
Monta Mattone
Opi
Villetta Barrea
Stausee von Barrea

Hm
2000
1500
1000
500
Pescina 735
Diavolopaß 1400
Opi 1250
Godipaß 1630
Selvapaß 1235
Abfahrt 1015
Pescasseroli 1167
Villetta Barrea 990
Scanno 1015
Gioia dei Marsi 703
556
Anversa d.A.
Pescina 735
8,5
25,5
35,5
41,5
50,5
66,5
80,0
84,5
93,0
104,0
114,5
10
20
30
40
50
60
70
80
90
100
110
120 Km

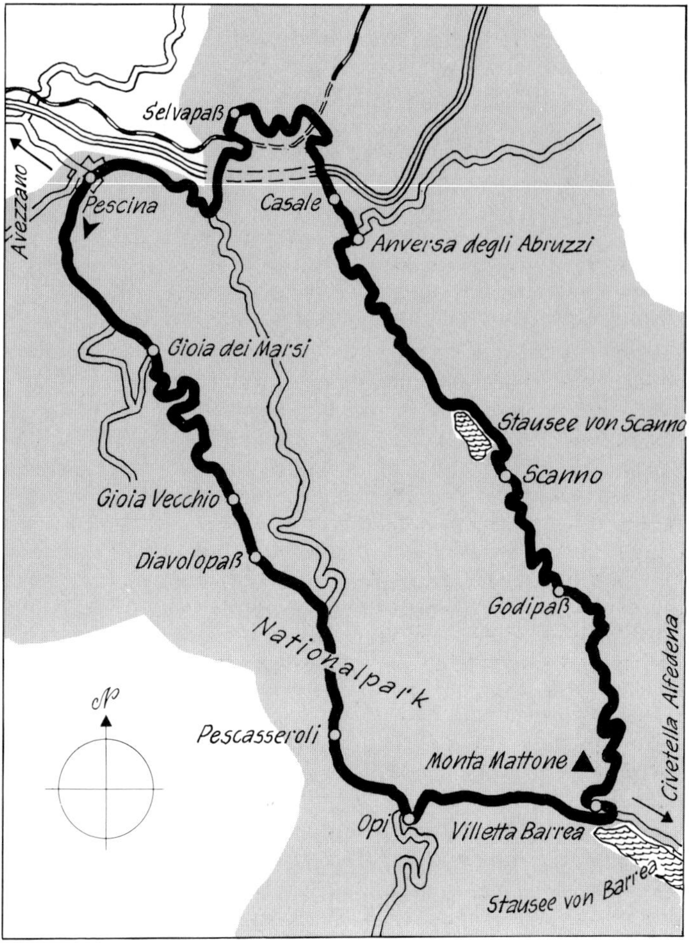

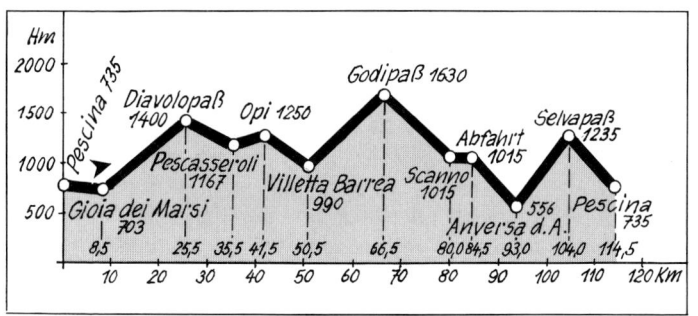

26 Von L'Aquila zur Adria

Strecke L'Aquila – San Vittorino – Capannellepaß – Montorio al Vomano – Roseto degli Abruzzi	**Länge** 91,5 km
	Höhendifferenz 580 m
	Übersetzung 42/23
Charakter Leichte bis mittelschwere Radtour mit maximal 6% Steigung durch die Abruzzen	**Ausgangspunkt** L'Aquila (728 m)
Zeit 3½–4½ Stunden	**Karte** Kümmerly + Frey 1:200 000, Blatt 10 Abruzzen-Molise

<u>Streckenbeschreibung</u> Kaum eine Autostunde Fahrt benötigt man, um vom gebirgigen Hinterland der Abruzzen an die langen Strände der Adria zu kommen. Und gerade dieses unmittelbare Nebeneinander von Meer und Gebirge, nur durch einige Hügelzüge getrennt, ist es, das den besonderen Reiz dieses Gebiets ausmacht. Wer noch am Mittag auf dem höchsten Gipfel des Gran Sasso gestanden hat, kann ohne weiteres bereits am Nachmittag an der Küste ein Sonnenbad nehmen. Auch mit dem Fahrrad ist dies ohne weiteres möglich, allerdings sollte man dann nicht bis zum Mittag warten, sondern sich von L'Aquila etwas frühzeitiger auf den Weg machen. Zeit für die Geschichte dieser Stadt, die wörtlich übersetzt »Adler« heißt, sollte aber trotzdem bleiben. 1246 wurde sie in der Nähe der antiken Sabinerstadt Amiternum, deren Überreste wir auf unserer Fahrt besuchen können, von Kaiser Friedrich II. gegründet. Heute ist L'Aquila die bedeutendste Stadt der Abruzzen, Bischofs- und Universitätssitz und wichtigstes Handels- und Landwirtschaftszentrum. Die Zahl 99 spielt hier eine große Rolle; so soll sie genau mit 99 Stadtvierteln, 99 Kirchen, 99 Palästen, 99 Plätzen und 99 Brunnen gegründet worden sein. Die Turmuhr des Justizpalastes soll deshalb allabendlich 99mal schlagen. Heute erinnert nur noch die Fontana della Canella, ein Brunnen mit 99 Röhren, die aus steinernen Masken dünne Wasserstrahlen in langgezogene Becken speien, an diese Zahl. Und vielleicht die Zahl der zugelassenen Autos, die stinkend und hupend durch die Straßen rollen. 99 999 könnten es gut sein.

Dadurch auf den Boden der Tatsachen zurückgebracht, verläßt man den Ort (km 0,0) wie in Tour Nr. 23 beschrieben, auf der Staatsstraße Nr. 80, der Via del Gran Sasso d'Italia, Richtung »Teramo«. In San Vittorino (km 5,0) kann man erstmals haltmachen, um die in der Nähe gelegenen Ruinen der antiken Sabinerstadt Amiternum, später eine römische Kolonie, zu besuchen. Überreste eines Theaters und eines Amphitheaters sind steinerne Zeugen längst vergangener

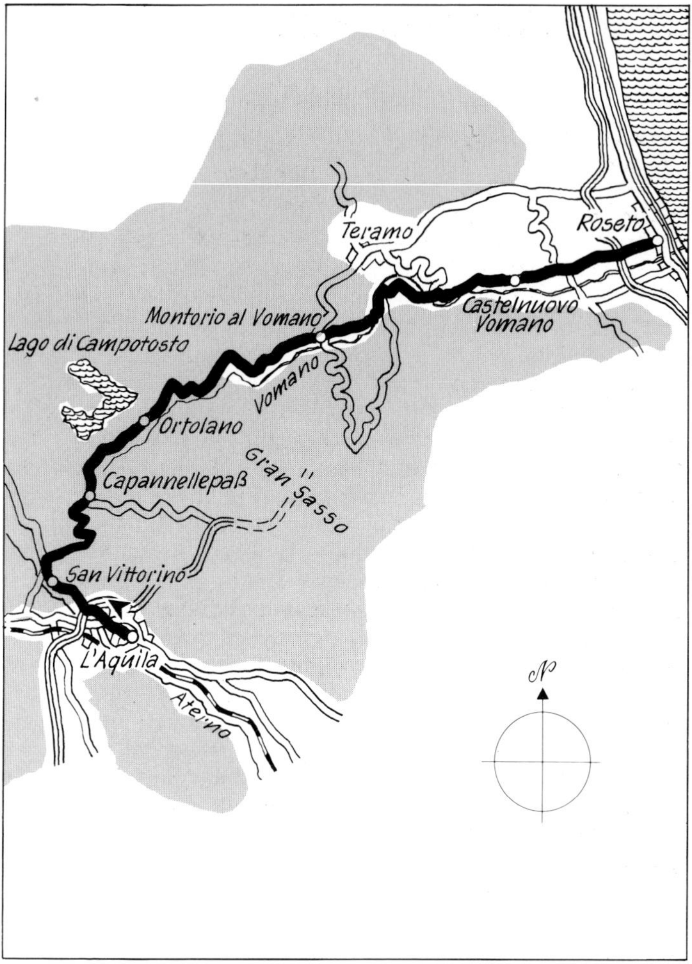

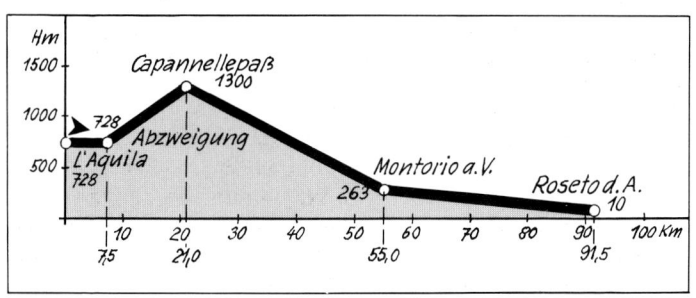

Teramo
Roseto
Montorio al Vomano
Castelnuovo Vomano
Lago di Campotosto
Vomano
Ortolano
Gran Sasso
Capannellepaß
San Vittorino
L'Aquila
Aterno

N

Hm
1500
1000
500

Capannellepaß
1300

728
Abzweigung

L'Aquila
728

Montorio a.V.
263

Roseto d.A.
10

10   20   30   40   50   60   70   80   90   100 Km
7,5   21,0   55,0   91,5

115

Jahrhunderte. Der an der nächsten Straßenkreuzung (km 7,5) Richtung »Teramo« abzweigenden Straße folgend, nimmt man die 6%ige Steigung hinauf zum Capannellepaß (km 21,0) in Angriff und kann sich, oben angelangt, eigentlich schon freuen. Warum, wird klar, wenn man die Höhenangabe 1300 m liest und sich dann vorstellt, daß unser Ziel auf 10 m Meereshöhe liegt. Es kann eigentlich nur noch abwärts gehen, und das tut es dann auch. Und zwar so gründlich, daß man auf den nächsten 34 km bis Montorio al Vomano kaum einmal zum Mittreten gezwungen ist. Dazwischen liegt eine Reihe von kleinen Bergdörfern, von deren etwas verlassen wirkendem Eindruck man sich nicht täuschen lassen sollte. Viele dieser Örtchen sind sehr alt und haben in ihrer wechselvollen Vergangenheit schon einmal eine prächtige Blütezeit erlebt. Wir passieren einen kleinen Stausee (km 30,5) bald nach der Abzweigung zum Lago di Campotosto; ein 500 m langer, schwach beleuchteter Tunnel folgt hinter Ortolano (km 32,0), daran schließen sich schluchtartige Talabschnitte, ein kaum erwähnenswerter Gegenanstieg vor Tintorale (km 40,5), nochmals ein kleiner Stausee und ein 335 m langer, schwach beleuchteter Tunnel bei km 49,0 an. Nicht zu vergessen eine etwas holprige Straße, die es ratsam erscheinen läßt, die Hände fest am Lenker zu lassen. Weit dehnt sich dann das Land in Montorio al Vomano (km 55,0) wieder vor uns aus. Von den hier weiterführenden Straßen wählt man mit der kurz nach dem Ortsende Richtung »Roseto« abzweigenden Staatsstraße Nr. 150 die etwas verkehrsärmere. Mittlerweile auf 263 m Höhe angelangt, wechseln im leicht welligen Hinterland der Küste nun leichte Anstiege mit ebensolchen Abfahrten und ebenen Abschnitten hinunter in das riesige Talbecken des Vomano ab. Die Besiedelung nimmt immer mehr zu, und bis Castelnuovo Vomano (km 77,0) verliert man kaum noch an Höhe. Dies ist bereits eine typische Küstenstadt mit geschäftigem Treiben, und nichts erinnert mehr an die stillen Bergdörfer, die man noch vor kurzen durchfahren hat. Auch das mediterrane Klima und die Landschaft mit Zypressen, Olivenhainen, Wiesen, Maisfeldern und Äckern verdrängt die karge, herbe Bergwelt, aus der man kommt. Mit dem Vomano streben auch wir dem Meer zu, das wir bei Roseto (km 91,5) erreichen.

27 Im Schatten des Gran Sasso

Abruzzen

Strecke L'Aquila – Civita di Bagno – Terranera – Rocca di Mezzo – Rocca di Cambio – Civita di Bagno – L'Aquila **Charakter** Leichte Radtour mit maximal 8% Steigung an der Südseite des Aternotales	**Zeit** 2½–3½ Stunden **Länge** 55 km **Höhendifferenz** 720 m **Übersetzung** 42/23 **Ausgangspunkt** L'Aquila (728 m) **Karte** Kümmerly + Frey 1:200000, Blatt 10 Abruzzen-Molise

Streckenbeschreibung Die schönsten Ausblicke auf das Massiv des Gran Sasso hat man von den südlich von L'Aquila gelegenen Berghängen, die hier das Aternotal beherrschen. Knapp 2500 m hoch erreichen sie mit dem Monte Velino bereits beachtliche Höhen, ohne allerdings mit der Wucht und Dominanz, die der gegenüberliegende Gran Sasso ausstrahlt, auch nur annähernd konkurrieren zu können. Wer eine Auffahrt an diesen Hängen wagt, bewegt sich praktisch immer im Schatten des Gran Sasso und gewinnt so Einblicke in dieses Massiv, die selbst bei einer Auffahrt zum Gran Sasso, mitten hinein in das Zentrum dieses Felswalls, verschlossen bleiben. Wer in L'Aquila weilt, sollte sich diese Auffahrt nicht entgehen lassen, zeigt sie doch endlich einmal die sonnigere, freundlichere Seite der Abruzzen und zählt zudem zu den leichtesten der hier beschriebenen Touren.

L'Aquila (km 0,0), das somit als Tourenstützpunkt allen Ansprüchen gerecht werden kann, wird diesmal in östlicher Richtung, der Beschilderung »Avezzano/Sulmona« folgend, verlassen. An der Porta Napoli vorbei rollt man ins Aternotal hinab, überquert, den Hinweisschildern »Avezzano« nach, bald (km 2,0) die Eisenbahnschienen und den Fluß und radelt gemächlich an dessen südlichem Ufer entlang bis Civita di Bagno (km 5,0). Die Straße steigt an und nimmt in den großzügigen Kurven und Schleifen nach dem Ort langsam auf 6% zu. Mit gleichbleibender Steigung schwingt sich die Trasse an San Felice d'Ocre (km 10,0) vorbei höher, die Besiedelung nimmt ab, und auch der weite, fruchtbare Talboden bleibt unter uns zurück. An gestrüppüberwucherten, aber sonnig gelegenen Hängen geht es höher, der Blick fällt auf eine kleine Hochebene, aus der sich die Ruinen eines verfallenen Kastells hervorheben, und auf der gegenüberliegenden Talseite zeigt sich der Gran Sasso. Keine Einschnitte, Schluchten oder Täler sind von hier zu erkennen, wie eine glatte langgestreckte Mauer ohne jegliche Fugen, Risse oder Kanten wirkt dieses Massiv. Fast ständig hat man diesen Berg-

117

zug nun vor Augen, der zweifellos dann am schönsten ist, wenn der obere Teil dieses grauen Felswalls von Neuschneefällen überzukkert ist, während im satten Grün des Talbodens die ersten Apfelbäume blühen. An einer Abzweigung (km 13,5) vorbei, sich weiter an die Beschilderung »Avezzano« haltend, nimmt die Steigung kurz auf 8% zu, läßt aber am Beginn einer Kehrengruppe (km 15,0) wieder auf 5% nach. An deren Ende (km 17,0) geht die Steigung ganz zurück, eben rollt es an Fontavignone (km 19,5) vorbei, bevor die Trasse noch einmal mit 6% fast geradlinig ansteigt. Deutlich sind im Norden die beiden höchsten Erhebungen des Gran Sasso, der 2912 m hohe Corno Grande und etwas links davon der Monte Corvo, auszumachen, während die Straße bei km 21,5 bis zu einer Kreuzung (km 23,0) leicht abfällt. Eine ausgedehnte, völlig ebene Hochfläche breitet sich vor uns aus, an deren östlichem Rand man bis Terranera noch kurz abfährt, bevor es eben bis Rocca di Mezzo (km 26,5) rollt. Wer will, kann durch den Ort noch einige km auf ebener Straße bis Ovindoli radeln, mit Blick auf die Felszüge des Monte Sirente, bevor die Straße dann steil in die Talfurche bei Avezzano abfällt. Ansonsten tritt man am Ort vorbei Richtung »Rocca di Cambio« die Rückfahrt an und erreicht diese Ortschaft (km 30,0) auf genauso unschwieriger Trasse wie auf der gegenüberliegenden Seite des Beckens. In den Ort, dessen Häuser sich etwas höher an den Hängen des Monte Cagno angesiedelt haben, muß man nicht hineinfahren, dafür steigt die Straße aber bis zu einigen Ferienappartements (km 32,0) wieder mit 6% an, wo man mit dem Valio di Rocca di Cambio gleichzeitig den höchsten Punkt der Tour erreicht. Unerwartet schlecht und ruppig ist die Trasse hier und läßt keine allzugroße Fahrfreude aufkommen. Ein karstiger Hügel verstellt zudem kurz die Aussicht auf den Gran Sasso, und so ist man froh, bei km 41,5 wieder auf die Auffahrtsstrecke zu treffen. Bis Civita di Bagno (km 48,0) rollt es abwärts, und auch die 8%ige Auffahrt zurück nach L'Aquila, die uns nach Überqueren des Aterno (km 53,0) noch erwartet, sollte uns vor keine großen Probleme stellen. Dafür darf diesmal bei der Einfahrt in den Ort (km 55,0) unter dem Rundbogen der alten Porta Napoli hindurchgefahren werden.

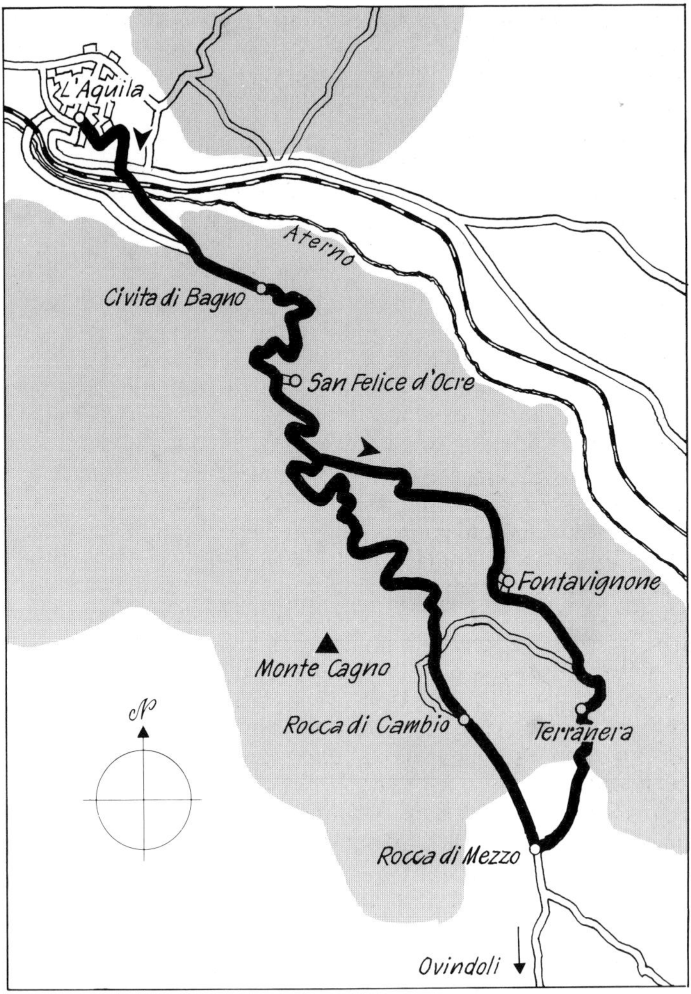

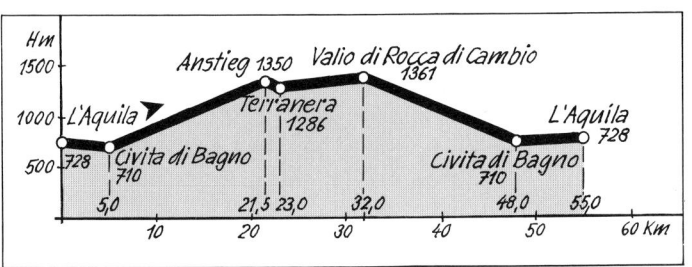

L'Aquila

Civita di Bagno

Aterno

San Felice d'Ocre

Fontavignone

Monte Cagno

Rocca di Cambio

Terranera

Rocca di Mezzo

Ovindoli

N

Hm
1500
1000 — L'Aquila
500 — 728

Anstieg 1350

Valio di Rocca di Cambio
1361

Terranera
1286

Civita di Bagno
710

L'Aquila
728

Civita di Bagno
710

5,0   21,5 23,0   32,0   48,0   55,0

10   20   30   40   50   60 Km

28 Im Hinterland von Pescara

Strecke Pescara – Spoltore – Cappelle sul Tavo – Penne – Pianella – Pescara	**Zeit** 3¼–4½ Stunden
	Länge 66 km
	Höhendifferenz 650 m
Charakter Leichte bis mittelschwere Radtour mit maximal 8% Steigung zu den schönsten Städten der Abruzzen	**Übersetzung** 42/23
	Ausgangspunkt Pescara (10 m)
	Karte Kümmerly + Frey 1:200 000, Blatt 10 Abruzzen-Molise

Streckenbeschreibung Betrachtet man das Hinterland von Pescara, so kann man sich gut vorstellen, daß sich die Wellen des Meeres an Land fortgesetzt haben und dort erstarrt sind. Es ist ein ständiges leichtes Auf und Ab in einer Landschaft, die man sich eigentlich überall in Italien vorstellen könnte, nur nicht in den Abruzzen. Das Grün erinnert an die Emilia Romagna, die fruchtbaren Äcker und Wiesen könnten in Umbrien liegen und die Zypressen, Pinien, Olivenhaine sowie die Bauweise einzelner Gehöfte wären eher in der südlichen Toscana zu vermuten. Trotzdem sind es noch die Abruzzen, wenngleich auch unmittelbar an der Grenze zur Provinz Molise gelegen, die uns hier zum Radfahren einladen. Allerdings, dicht besiedelt ist dieses fruchtbare Hinterland schon und von einem ganzen Netz von Straßen durchzogen, so daß die Tour nur stellvertretend für eine Vielzahl von Möglichkeiten stehen kann. Sie führt aber zu den schönsten Orten des Hinterlandes und gibt zudem einen Einblick in die Steigungscharakteristik dieser Landschaft, die, egal welche Straßen man wählt, immer in etwa die gleiche ist.

Pescara (km 0,0), dessen alter Name Piscaria auf den Fischreichtum seiner Gewässer hinweist, kann zwar nicht mit historischen Bauten, dafür aber mit einer kilometerlangen Strandpromenade und sehr viel Lebendigkeit aufwarten. Man merkt dies, wenn man im Ort die richtige Ausfahrt sucht und sich dabei an die Beschilderung »Montesilvano/Chieti/Foggia« hält. Kurz nach dem Ortsende zweigt die Staatsstraße Nr. 16 Richtung »Spoltore« ab, aber wer diese Abzweigung übersieht, hat noch mehrmals die Möglichkeit, zu diesem Ort führende Straßen zu finden. Mit Steigungen bis 6% schwingt sich die Trasse dann bis Spoltore (km 6,5) hoch, nimmt kurz auf 8% zu, um im Ort Richtung »Cappelle« wieder abzufallen. Bis Cappelle sul Tavo (km 10,5) wechseln Anstiege bis 6% mit Abfahrten ab, bevor die Straße länger in den Talboden des Tavo (km 13,0) abfällt und sich dort schnurgerade und eben fortsetzt. An einer Abzweigung

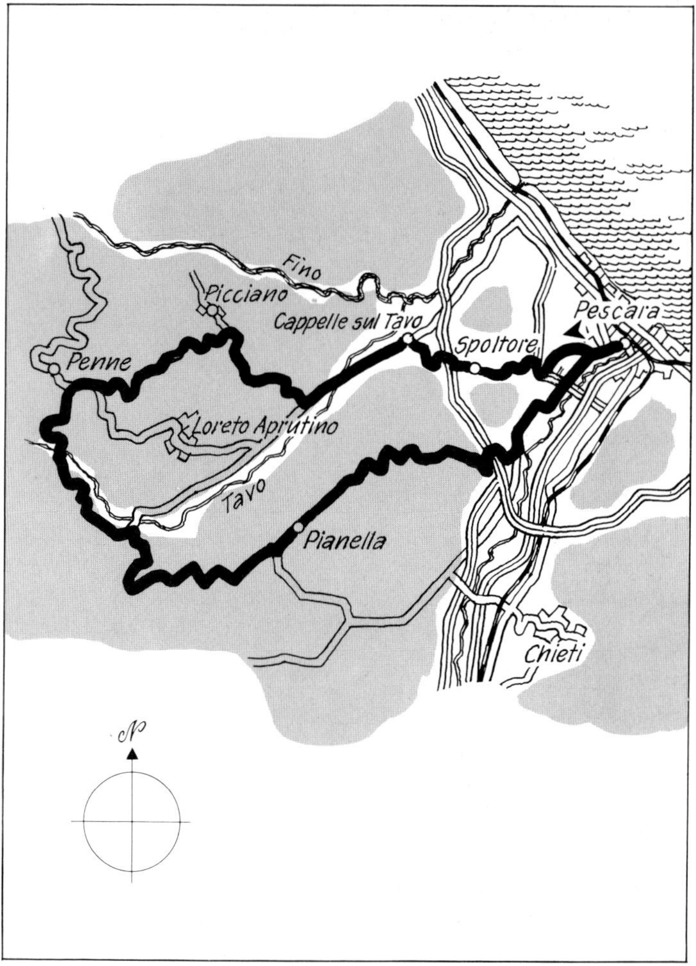

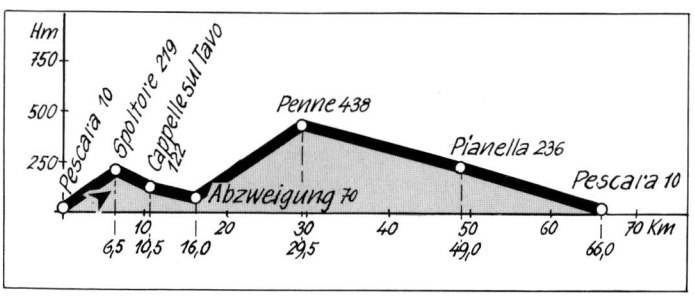

Fino
Picciano
Cappelle sul Tavo
Pescara
Penne
Spoltore
Loreto Aprutino
Tavo
Pianella
Chieti

N

Hm
750
500
250

Pescara 10
Spoltore 279
Cappelle sul Tavo 112
Penne 438
Abzweigung 70
Pianella 236
Pescara 10

10   20   30   40   50   60   70 Km
6,5 16,0   29,5   49,0   66,0
10,5

(km 16,0) verläßt man diesen Abschnitt, der Beschilderung »Picciano« folgend, und die Straße beginnt wieder auf 6% anzusteigen. Olivenhaine, Weinberge, Äcker und Häuser mit Palmen in den Vorgärten prägen das weite Land um uns herum, durch das uns die ständig ansteigende und abfallende Straße – wobei die Anstiege allerdings überwiegen – Richtung »Penne« führt. Unmittelbar nach dem Ortsschild von Penne (km 29,5) zweigt die zurückführende Straße Richtung »Villanova/Chieti« zwar scharf links ab, aber die Auffahrt in den malerischen Ort sollte man sich nicht entgehen lassen. Die Straßen des mittelalterlichen Städtchens sind teilweise so steil, daß man sie mit einer Art von Sprossen ausstatten mußte, die wie Himmelsleitern aussehen. Den Ort verlassend, bauen sich weit vor uns schon die höheren Hügelketten der Maiella-Ausläufer auf, während man in freundlicher Umgebung erst einmal länger abwärts rollt. Der Tavo, der an den hoch über uns gelegenen Hängen des Campo Imperatore (siehe Tour Nr. 24) entspringt, wird überquert (km 33,5), und wieder wechseln Anstiege mit Abfahrten und ebenen Stücken ab, nur daß diesmal die Abfahrten überwiegen. Zwischen km 38 und 43 wird diese bequeme Art des Vorankommens allerdings nochmals unterbrochen, längere leichte Anstiege bis 5% überwiegen hier, bevor man bis Pianella (km 49,0) dafür wieder lange abfahren kann. Wie Penne hat auch Pianella einen sehenswerten mittelalterlichen Stadtkern, der sich auf einem kleinen Hügel neben der Straße erstreckt. Unser Ausgangspunkt ist wieder ausgeschildert, diesen Hinweisen folgend nimmt die Steigung noch im Ort kurz auf 8% zu, um dann wieder in ein für uns angenehmes Gefälle überzugehen. Die leichten Abfahrten werden jedoch immer wieder von kurzen ebenfalls leichten Aufschwüngen unterbrochen. Die Vegetation der Umgebung mit ihren hochgewachsenen Zypressen, breitkronigen Pinien, den Hügeln, Äckern und verstreuten Gehöften erinnert an die südliche Toscana. Bei km 59,5 wird dann die Autobahn überquert. Leicht abfahrend, hin und wieder ein kleiner Aufschwung, denn gänzlich ebene Straßen scheint es hier nicht zu geben, erreicht man den Vorort St. Teresa (km 60,5), an den sich übergangslos Pescara (km 66,0) anschließt.

29 Auf die Maielletta

Abruzzen

Strecke Scafa – Lettomanoppello – Lancianopaß – Albergo Mamma Rosa – Blockhaus
Charakter Mittelschwere bis schwere Radtour mit maximal 13% Steigung in der Maiellagruppe
Zeit 2½–3½ Stunden
Länge 28 km

Höhendifferenz 1995 m
Übersetzung 42/26
Ausgangspunkt Scafa (150 m), ca. 30 km südwestlich von Pescara; Autobahnausfahrt »Alanno/Scafa«

Karte Kümmerly + Frey 1:200 000, Blatt 10 Abruzzen-Molise

Streckenbeschreibung Die Maiella-Gruppe ist neben dem Gran-Sasso-Massiv der zweite große Gebirgsstock des mittelitalienischen Apennin. Obwohl in unmittelbarer Nachbarschaft zueinander gelegen, nur durch das Pescaratal voneinander getrennt, sind es zwei gegensätzliche Gebirge. Die Maiella erreicht weder die Höhe des Gran Sasso, noch hat sie dessen schroffen Felsaufbau. Die Konturen ihrer langsam über die Waldgrenze hinaussteigenden Bergrücken sind weicher, die Formen fließender und die Hänge kaum einmal von Fels durchsetzt. Mit 2795 m ist der höchste Berg dieser Gruppe, der Monte Amaro, allerdings nicht sehr viel niedriger als der Corno Grande im Gran Sasso. Und die Straße, die uns hier noch hinauf zum Skigebiet auf der Maielletta bis in 2142 m Höhe führt, ist um 12 m höher als die Auffahrt zum Corno Grandè und stellt somit den höchsten für uns in den Abruzzen anfahrbaren Punkt dar.

Ausgangspunkt ist das Industriestädtchen Scafa (km 0,0), etwa 30 km südwestlich von Pescara gelegen und über die Autobahn gut zu erreichen. Nur an Markttagen bietet diese Ortschaft etwas Anreiz zu längerem Verweilen, und so wird man die Stadt wohl gleich Richtung Pescara wieder verlassen. Schon wenige m nach dem Ort, ein kleines Flüßchen überquerend, zweigt rechts die Straße nach Lettomanoppello ab. Nach einigen m Abfahrt heißt es nochmals aufpassen, um die wieder abzweigende Straße Richtung »Lettomanoppello/Pso. Lanciano« nicht zu übersehen, denn das Hinweisschild versteckt sich etwas im Gebüsch. Die anfangs über zwei Kehren kurz auf 8% ansteigende Trasse geht bald zurück und nach knapp 2 km sogar in eine kleine Abfahrt über. Kurz zieht sie nochmals auf 8% an, um dann mit gemächlicherer Steigung bis 6% durch blühende Wiesen, vorbei an einzelnen Äckern bis Lettomanoppello (km 5,0) zu führen. Es ist trotz des fast griechisch anmutenden Namens ein typisch italienisches, rühriges Dörfchen, in dessen

Zentrum wir uns weiter an die Beschilderung »Pso. Lanciano« halten, und auch unser Ziel, die Maieletta, ist bereits angeschrieben. Der leichtere Teil der Auffahrt liegt hinter uns, der schwierigere steht uns noch bevor, wie man an der im Ort auf 13% zunehmenden Steigung gleich erkennen wird. Fast 2 km hält sich diese Prozentzahl, bevor sie bei den letzten Häusern des Ortes auf 10% zurückgeht. Eine Kehrengruppe bringt uns höher, der Hang vor uns weist karges Grün, etwas Gebüsch und eine Unzahl von flachen Steinen auf, die zu kleinen Hügeln, Terrassen und Mauern aufgeschichtet wurden. Über mehrere Kehren radelt man weiter aufwärts, ein kurzes flacheres Stück um einen Hügelrücken, dann zieht sich die Straße diagonal zum Hang mit gleichmäßigen 10% nach oben. Gelb-rote Markierungsstangen leiten in einen Waldgürtel (km 14,5), die Straße verläuft nun etwas kurviger, dafür spendet der Wald Schatten. Nur kurz läßt die Steigung einmal auf angenehme 7% nach, nimmt dann allerdings über zwei Kehren (km 15,5) wieder auf 10% zu, bevor unvermittelt eine kleine Feriensiedlung erreicht wird und eine Bergkuppe den Lancianopaß (km 17,0) andeutet. Wenige m rollt es bergab, bevor man, der Beschilderung »Blockhaus« folgend, auf guter Straße weiter aufwärts radelt. Mit gemäßigteren 8% zieht die Trasse durch aussichtslosen Buchenwald nach oben, den man nach etwa 2,5 km hinter sich läßt und dafür noch eine Kehrenstrecke bei gleichbleibender Steigung bis zum Gasthof Mamma Rosa (km 22,0) vor sich hat. Eine Rast bei dem grauen Blocksteinbau kann nicht schaden, denn noch liegt das Ziel hoch über uns. An einem baumlosen, zerfurchten Skihang mit zahlreichen Schleppliften geht es höher. Die anfangs noch auf 10% ansteigende Straße fällt am Beginn der ersten Kehre (km 23,5) auf etwa 8% zurück, und mit dieser Steigung, hin und wieder sogar etwas darunter, radelt man auf die Antennen und Sendemasten zu, die förmlich aus dem Berg herauszuwachsen scheinen. Den ersten dieser militärischen Zwecken dienenden Horchposten erreicht man an einem Rifugio bei km 26,0. Warum Monte Amaro, an dessen Nordhängen man sich bewegt, soviel wie »Bitterer Berg« heißt, weiß man, wenn die Straße auf 10% ansteigend zu einem Bergrücken hinaufzieht, einen weiteren Horchposten passiert und dann mit 8% schier nicht enden wollend weiter ansteigt. Der höchste Punkt ist ein Parkplatz bei km 28,0 mit einem steinernen Brunnentrog und einer kleinen Madonnenstatue. Ob sich hier oben tatsächlich ein Blockhaus befindet, kann ich leider nicht sagen, da mir dichte Nebelschwaden jegliche weitere Aussicht versperrten.

Hinweis: Die beim Gasthof Mamma Rosa Richtung »Scafa/Roccamorice« abzweigende Straße ist in einem derart schlechten Zustand, daß von einer Rückfahrt über diese Strecke abgeraten werden muß.

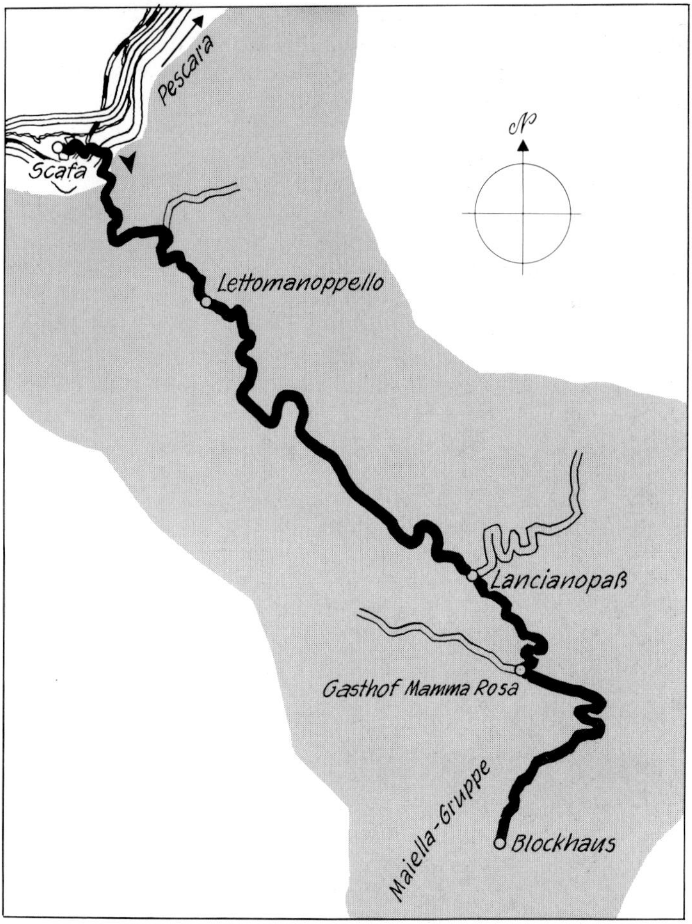

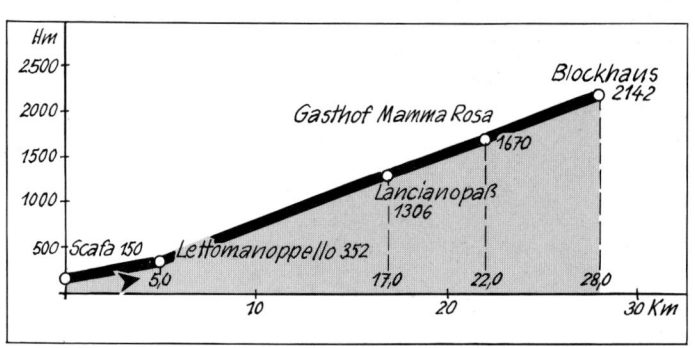

Pescara
N
Scafa
Lettomanoppello
Lancianopaß
Gasthof Mamma Rosa
Maiella-Gruppe
Blockhaus

Hm
2500
2000
1500
1000
500
Blockhaus 2142
Gasthof Mamma Rosa
1670
Lancianopaß 1306
Scafa 150
Lettomanoppello 352
5,0
17,0
22,0
28,0
10
20
30 Km

Süditalien

30 Von Campobasso ins antike Saepinum

Molise

Strecke Campobasso – San Giuliano – Sepino – Altilia (Saepium)	**Höhendifferenz** 200 m
	Übersetzung 42/21–23
Charakter Leichte Radtour mit maximal 6% Steigung in die Antike	**Ausgangspunkt** Campobasso (688 m)
Zeit 1¼–1¾ Stunden	**Karte** Kümmerly + Frey
Länge 30 km	1:200000, Blatt 10 Abruzzen-Molise

<u>Streckenbeschreibung</u> In der Molise, der nördlichsten Region Süditaliens, wird der Eindruck des Mezzogiorno, des italienischen Südens, bereits spürbar. Manchmal auch als die kleinere und ärmere Schwester der Abruzzen bezeichnet, ist der Charakter der Molise noch unverfälscht, fast melancholisch liebenswert geblieben. Ihr Inneres ist zutiefst ländlich: Bauern reiten auf Maultieren die steilen Gassen der Bergstädte hinauf, die Frauen sitzen handarbeitend vor den Haustüren oder tragen schwere Körbe auf ihren Köpfen durch die schmalen Straßen. Für die Provinzhauptstadt Campobasso trifft dies freilich nicht mehr zu, doch ist diese Stadt Ausgangspunkt für eine Radtour zu einer der vielleicht reizvollsten, etwas abgelegenen und daher weniger bekannten, dafür aber noch nicht so hoffnungslos überlaufenen archäologisch interessanten Stätten Italiens. Die Rede ist von Saepinum, einer zwar schon 1900 entdeckten römisch-samnitischen Stadtsiedlung, deren genauere Erforschung jedoch erst seit etwa 1950 begonnen hat.

Fast scheint es, als ob Campobasso (km 0,0) unseren Ausflug in die Vergangenheit erschweren wolle. Kein Hinweis auf unser Ziel findet sich, und so verläßt man die Stadt der Beschilderung »Isernia/Benevento« folgend. Allerdings führt uns dies auf die vielbefahrene, tunnelreiche Schnellstraße, die von Radlern aber tunlichst gemieden werden sollte. Die unmittelbar am Ortsausgang unscheinbar nach links abzweigende, mit »Bivio Centro/Ospidaliero« beschilderte Straße sollte deshalb nicht übersehen werden. An einer Kiesgrube vorbei nimmt die Steigung anfangs auf 6% zu, um dann bis zu einer Straßenkreuzung (km 2,0), an der man sich an der Beschilderung »Isernia/Bojano« orientiert, bis auf 3% zurückzugehen. Eine längere Abfahrt bringt uns direkt neben die Schnellstraße, die man am nächsten Abzweiger (km 6,5), dem Hinweis »Baranello« nach (nicht rechts Richtung »Isernia/Benevento«), unterfährt. Die Steigung nimmt wieder auf 6% zu, dafür kann man sich, nunmehr an die Beschilderung »Bivio/San Giuliano« haltend, nicht mehr verfahren. Die Schnellstraße wird überquert (km 8,0), und weit vor uns bieten sich schöne Ausblicke auf die Hügelkette der Alto Molise. Es folgt ein ständiges, von ebenen Abschnitten unterbrochenes Auf und Ab, wobei die Steigung kaum einmal mehr als 6% beträgt und die Straße anfangs noch leicht an Höhe gewinnt, später aber bis San Giuliano (km 17,5) abfällt. Richtung »Morcone« geht es dann über mehrere enge Kehren in eine weite Ebene hinunter (km 20,0). Der karge, vom Tammaro bewässerte Boden ist nicht allzu fruchtbar, und so gedeihen hier, außer vielen Steinen, nur etwas Weizen, Mais, Kartoffeln und Tabak. Auf anfangs schnurgerader, dann leicht geschwungener, aber ebener Trasse radeln wir an der Bahnlinie entlang bis zur Station von Sepino (km 23,5), und mit »Saepinum/Benevento« ist unser Ziel erstmals ausgeschildert. Die Bahngleise werden überfahren, auf weiterhin ebener Straße der Talboden gequert, dann nimmt unter der Schnellstraße hindurch (km 25,0) die Steigung bis zum Ortsanfang von Sepino (km 27,0) anfangs nur leicht, dann auf 6% zu. In den Ort hineinfahrend, den Schildern »Zona archeologica« folgend rollt es bis Altilia (km 30,0) fast nur noch abwärts. Die beiden Bauernhäuser, die hier einen Durchlaß zu den Ausgrabungen bilden, sind bewohnt und gehören nicht zu der antiken Stätte, obwohl sie teils aus den alten Steinen erbaut sind. Auf dem dahinter liegenden, nicht allzu großen Areal fällt zuerst die Mauer aus Polygonalblöcken auf, die hier teilweise freigelegt wurde. Sie erinnert daran, daß das Wort Saepinum soviel wie »rundum geschützt« bedeutet und damit auf den früheren Palisadenwall, der später durch eine solche Mauer ersetzt wurde, zurückzuführen ist. Auch die vier Stadttore, schlicht-monumentale Hausteinbogen, von Rundtürmen flankiert, sind in gutem Zustand. Ionische Säulen, die einst die Basilika des Ortes trugen, ragen hoch in den Himmel, und das Theater am nördlichen Stadtrand ist das am besten erhaltene Gebäude. Auch den alten Römerstraßen, auf denen man sich hier bewegt, hat die Zeit wenig anhaben können, das grobe, gekrümmte Kopfsteinpflaster läßt allerdings Gedanken an den Straßenzustand bei Paris-Roubaix wach werden. Daß der Rückweg in die Gegenwart nicht allzulange dauert, dafür sorgt die Musikbox der Taberna vor dem Eingangstor, deren neuzeitliche Klänge uns sofort nach Verlassen des Areals empfangen.

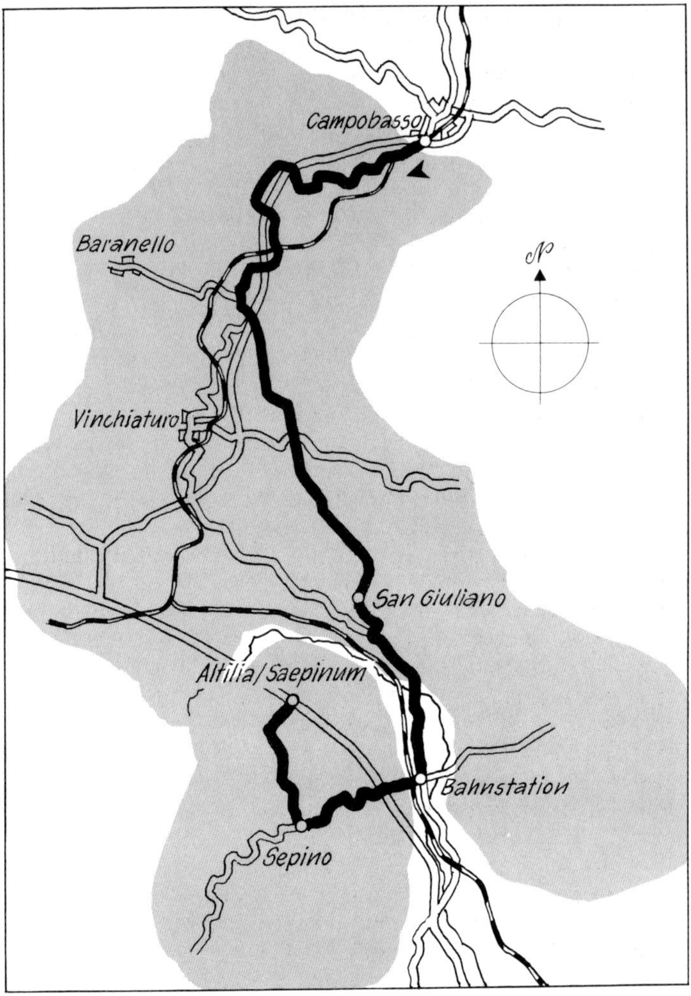

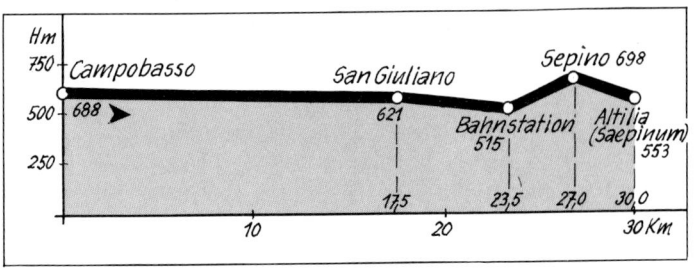

Campobasso

Baranello

Vinchiaturo

San Giuliano

Altilia/Saepinum

Bahnstation

Sepino

N

Hm				
750	Campobasso	San Giuliano	Sepino 698	
500	688 ▶	621	Bahnstation 515	Altilia (Saepinum) 553
250			27,0	30,0
		17,5	23,5	
	10	20	30 Km	

31 Gargano – Küstenstraße

Apulien

Strecke Vieste – Mattinata – Vieste		**Höhendifferenz** 1250 m	
Charakter Mittelschwere Radtour mit maximal 6% Steigung am Golf von Manfredonia		**Übersetzung** 42/21–23	
		Ausgangspunkt Vieste (43 m)	
Zeit 3¼–4½ Stunden		**Karte** Kümmerly + Frey	
Länge 80,5 km		1 : 200 000, Blatt 11 Apulien	

Streckenbeschreibung Dichte Pinienwälder, kristallklares Meer, aus dem bizarre Felsgebilde ragen, intime, malerische Buchten, unverbrauchte Natur, erholsame Atmosphäre, das unvergleichbare Licht über Küste und Meer, die interessante Geschichte und Kultur, verträumte Fischerdörfchen, die kräftige Küche und der Wein – solche Ankündigungen in den Reiseprospekten machen natürlich neugierig, und so darf eine Radtour im Gargano, worauf sich die vorgenannten Attribute beziehen, nicht fehlen. Etwas nüchterner betrachtet ist der Gargano ein mehr als 1000 m hohes Kalksteinmassiv, das sich als Halbinsel ins Adriatische Meer vorschiebt und deshalb auch der »Sporn des italienischen Stiefels« genannt wird. Landschaftlich gesehen, ist das Ganze ein kompakter Bergrücken mit kargen, felsigen Kuppen, zwischen denen sich rötliche Verwitterungsböden angesammelt haben und diese Landschaft auch noch in größeren Höhen recht fruchtbar machen. Um die Halbinsel auf ihre Radlertauglichkeit zu testen, bieten sich eine Fahrt entlang der Küste zwischen Vieste und Mattinata sowie die Rückkehr etwas weiter im Landesinnern an.

Vieste (km 0,0), an der Ostspitze in exponierter Lage auf einem kahlen Felsen gelegen, wird Richtung »Manfredonia/Mattinata« verlassen. Schnurgerade und eben zieht sich die Straße auf den ersten 2,5 km an der Uferpromenade entlang. Auf einer Länge von etwa 700 m nimmt die Steigung über einen kleinen Hügel auf 6% zu und fällt dann wieder ab. Noch einmal verläuft die Straße eben am Meer entlang, beschreibt einen Bogen vom Wasser weg und steigt diesmal bereits länger wieder auf 6% an, bevor erneut eine Abfahrt folgt. Es ist das letzte Mal, daß man sich hier, etwa bei km 7,0, dem Meer so weit nähert. Die Straße wendet sich weg von der Küste, steigt auf einer Länge von 1,5 km wieder auf 6% an, um entsprechend diesem Anstieg auf der anderen Seite erneut abzufallen. Der nächste Anstieg ist dann schon 3,5 km lang, die Abfahrt dafür mit 1 km bedeutend kürzer. Es ist ein Spiel, das sich auf der ganzen verbleibenden Strecke bis Mattinata weiter fortsetzt. Die hier entlangfüh-

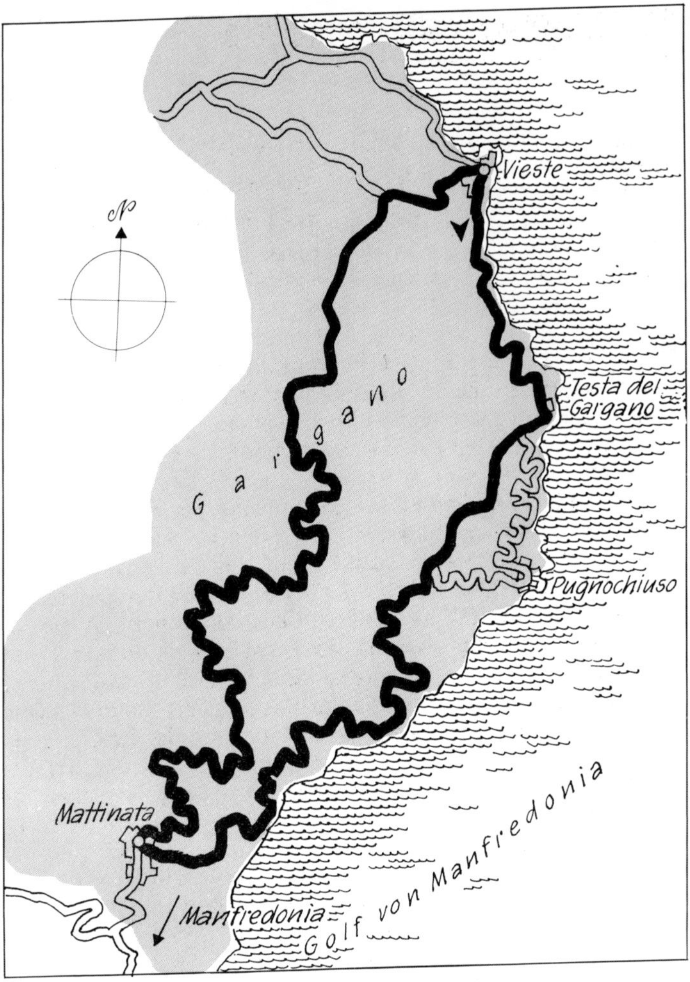

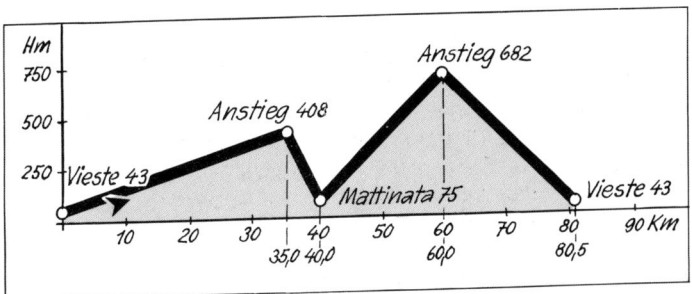

Vieste
Testa del Gargano
Pugnochiuso
Gargano
Mattinata
Manfredonia
Golf von Manfredonia
N

Hm
750
500
250
Anstieg 682
Anstieg 408
Vieste 43
Mattinata 75
Vieste 43
10
20
30
40
50
60
70
80
90 Km
35,0
40,0
60,0
80,5

rende Straße überwindet die zur Küste drängenden Bergrücken auf der einen Seite mit längeren Steigungen bis 6%, um dann in den Einschnitt zwischen zwei dieser Hügel wieder abzufallen. Die km-Angaben auf der linken Straßenseite zeigen, daß man sich Mattinata nähert, das sich allerdings fast bis zuletzt versteckt hält. Bis km 35,0 setzt sich dieses Auf und Ab fort, bevor sich vor uns eine weit ins Hinterland reichende Bucht ausdehnt und man bis Mattinata (km 40,0) abfährt. Bereits am Ortsanfang, in Mattinata-Est, folgt man der nach Vieste zurückführenden Staatsstraße Nr. 89. Zwischen Olivenbäumen, von terrassenförmigen Steinmauern getrennt, nimmt die Steigung auf 6% zu, und bald gibt die Straße den Blick auf den Golf von Manfredonia und die von türkis bis dunkelblau gefärbte Meeresfläche frei, die bis zum Horizont reicht. Die Trasse führt um einen Hügelvorsprung und wendet sich in ein weites Tal, dessen Hänge nun ganz ausgenutzt werden. Bald geht die Steigung zurück, 4%, hin und wieder kurz etwas mehr oder auch weniger mögen es sein, und wer hier eine Übersetzung von 52/21 bewegt, der ist sicherlich schon in guter Form. Lange, fast 20 km steigt die Straße wenig Abwechslung bietend bis zu einem verfallenen Haus (km 60,0) inmitten einer Waldlichtung aufwärts. Die folgende Abfahrt ist ein absolutes Gegenstück zur Auffahrt und dies in allen Belangen: von der Straßencharakteristik mit Gefällstrecken bis 6%, von langen flacheren Abschnitten unterbrochen, von der Vegetation, die uns durch Wald und Gestrüpp wieder in mediterrane Gebiete zurückführt, bis zur Länge, mit 20 km genauso lang wie die Auffahrt. Mit dem Auftauchen der ersten Olivenbäume werden dann auch die ersten Häuser von Vieste (km 80,5) erreicht.

32 Gargano – Durch die »Foresta Umbra«

Apulien

Strecke Peschici – Vico del Gargano – Campo Forestale – Peschici **Charakter** Leichte bis mittelschwere Radtour mit maximal 8% Steigung durch die »Umbrischen Wälder« **Zeit** 2½–3½ Stunden	**Länge** 57,5 km **Höhendifferenz** 920 m **Übersetzung** 42/21–23 **Ausgangspunkt** Peschici (83 m) **Karte** Kümmerly + Frey 1:200000, Blatt 11 Apulien

<u>Streckenbeschreibung</u> Viel zu schön ist die Landschaft des Gargano, um sie bereits nach einer Radtour wieder zu verlassen. Viel zu nah ist das Meer, das nach getaner Arbeit zum Baden einlädt, viel zu gut sind das Klima und das Wetter, und auch die relativ einsamen Straßen im Landesinnern tragen ihren Teil dazu bei. Letzteres gilt freilich nur für die Zeit von April bis etwa Mitte Mai, wenn die Campingplätze und Hotels an der Küste noch leer sind und das Land noch nicht von einer Invasion sonnenhungriger Urlauber überrollt ist. Aber dann hat sich der Radler ohnehin längst andere Ziele gesucht; in den Gargano fährt man im Frühjahr, um hier »Kilometer zu machen«, oder im Herbst, um die Saison ruhig ausklingen zu lassen. Diesmal führt unsere Tour weiter ins Landesinnere, zum Stolz des Gargano, den »Foresta Umbra«. Dies ist ein ausgedehnter Mischwald aus Buchen, Eichen, Ahornen, Eschen, Tannen und Pinien, in dem seltene Pilze wachsen und der die Sonntagsausflügler in Scharen zum Picknick lockt. Dieser letzte Rest jener Wälder, die einst weite Teile Apuliens bedeckten, stellt allein schon aus diesem Grunde im bereits seit der Antike abgeholzten Italien eine Besonderheit dar.

Die auf der ganzen Halbinsel verteilten braunen Hinweisschilder mit der Aufschrift »Foresta Umbra« scheinen ausgerechnet an unserem Ausgangsort Peschici (km 0,0) zu fehlen, den man auf abfallender Straße deshalb der Beschilderung »Rodi Garganico« folgend verläßt. Kurz darauf steigt die Straße auf einer Länge von 1,5 km auf 6% an, fällt dann wieder ab, und man erblickt kurz auf einem ins Meer ragenden kleinen Felssporn ein »trabucco«, weit hinausragende angelrutenähnliche Stangen, über die mit Seilwinden ein Netz aus dem Meer aufgezogen wird. Am weit ausgelagerten Bahnhof von Peschici (km 6,0) vorbei rollt es noch etwas eben dahin, dann steigt die Trasse bis zu einem einsam im Pinienwald gelegenen Restaurant wieder an, um bis zu einer Abzweigung (km 8,5) wieder abzufallen. Der Beschilderung »Foresta Umbra« folgend, beginnt die Straße dann bald auf 6% anzusteigen. Zwischen Olivenhainen, Weinbergen und Kakteen geht es über weit auseinandergezogene Kurven und Kehren gleichmäßig höher. Hin und wieder wird der Blick auf das Meer oder Peschici, schon weit unter uns, frei, und bald liegt die langgezogene Altstadtkulisse von Vico del Gargano (km 16,0) vor uns. An einem Kreisverkehr (km 16,5) zweigt die Straße scharf links Richtung »Foresta Umbra/Monte San Angelo« ab, bevor sie mit 8% Steigung aus dem Ort herausführt. Vor uns sind langgestreckte, bewaldete Hügelkuppen zu erkennen, denen man sich über anfängliche Anstiege und Abfahrten mit Spitzen bis 6%, die in ein leichtes Auf und Ab übergehen, nähert. Der Waldrand (km 23,5) wird erreicht, die ersten Picknick-Arenen tauchen auf, und die Steigung nimmt auf 4% zu. Der Wald wird dichter, schattiger, schon bald läßt die Steigung nach und geht sogar in eine Abfahrt über. Eine enge Kurve, ein Brücklein (km 26,0) wird überquert, die Steigung nimmt wieder auf 4% zu, und man befindet sich im Zentrum der »Umbrischen Wälder«. So dicht drängen sich diese über uns zusammen, daß kaum ein Sonnenstrahl auf die Straße dringt. Unvermittelt tritt man wieder ans Licht, eine Militärkaserne (km 29,5) verschont nicht einmal diese ursprüngliche Landschaft, und der Beschilderung »Vieste/Peschici« folgend beginnt man die Rückfahrt. Kurz steigt die Straße noch zu den Häusern (km 30,0) der Naturparkverwaltung an, Rehe werden in einem kleinen Gehege am Straßenrand gehalten, und Schilder mit den lateinischen Namen einiger Baumstämme geben Botanikunterricht. Auf für den Gargano ungewohnt schlechter Straße geht es abwärts, eine verfallene Herrschaftsvilla (km 41,5) hebt sich aus dem Wald ab, der kurz darauf von dichtem Buschwerk abgelöst wird. Auch das Gefälle geht zurück, dafür wird der Straßenzustand besser, und an der folgenden Kreuzung (km 46,0) hält man sich Richtung »Peschici«. In deutlich mediterraner Umgebung erwartet uns hier allerdings eine knapp 4 km lange 4%ige Steigung, bevor es bis kurz vor Peschici wieder lange abwärts rollt. Der letzte km zurück in die verwinkelten Gassen des Städtchens (km 57,5) bedarf bei 4%iger Steigung dann wohl noch einmal den Wechsel auf das kleine Kettenblatt.

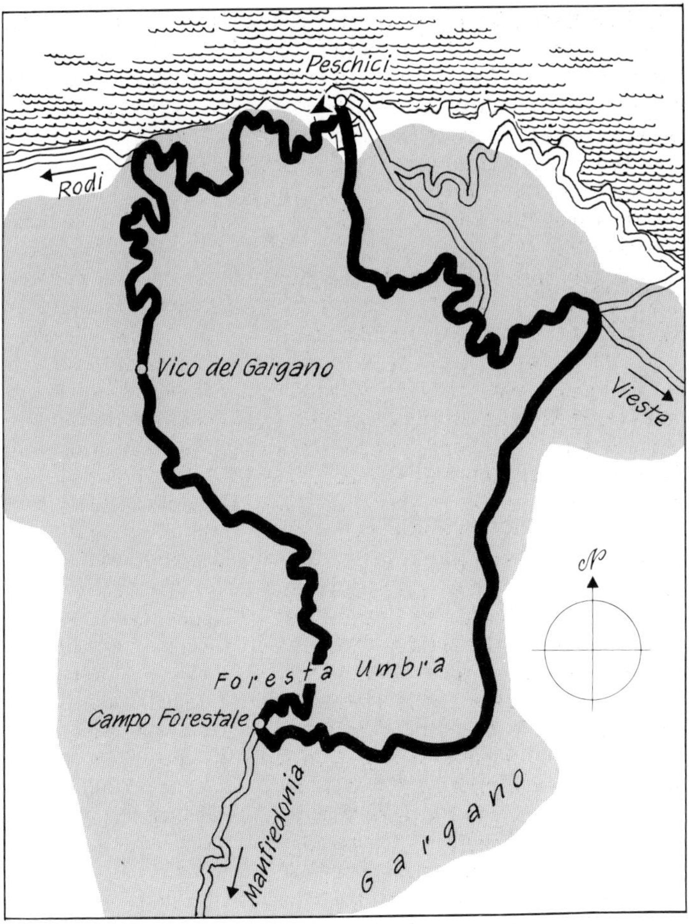

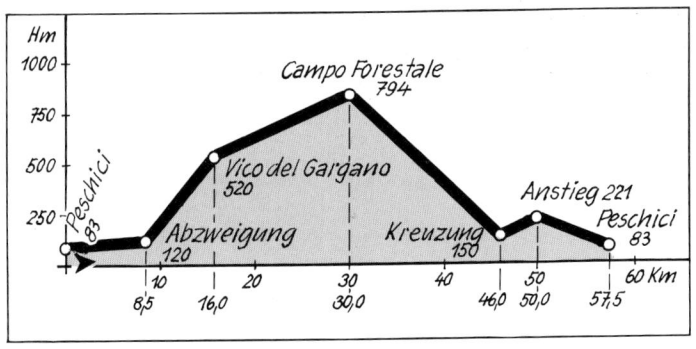

Peschici
Rodi
Vico del Gargano
Vieste
N
Foresta Umbra
Campo Forestale
Manfredonia
Gargano

Hm
1000
750
500
250
Peschici 83
Abzweigung 120
Vico del Gargano 520
Campo Forestale 794
Kreuzung 150
Anstieg 221
Peschici 83
10
20
30
40
50
60 Km
8,5
16,0
30,0
46,0
50,0
57,5

33 Um die Vulkanlandschaft des Vulture

Strecke Melfi – Barile – Rionero in Vulture – Laghi di Monticchio – Monticchio Bagni – Melfi	**Länge** 41,5 km
	Höhendifferenz 700 m
	Übersetzung 42/23
Charakter Leichte bis mittelschwere Radtour mit maximal 8% Steigung in der Basilikata	**Ausgangspunkt** Melfi (530 m)
	Karte Kümmerly + Frey
Zeit 2¼–3½ Stunden	1:200 000, Blatt 11 Apulien

Streckenbeschreibung   Neben den Vulkanen in den Albaner Bergen um Rom, dem Vesuv am Golf von Neapel und dem Ätna auf Sizilien gibt es auch im Landesinnern der Basilikata noch Vulkanismus. Es ist der Monte Vulture, der sich hier, etwa in der Mitte einer zwischen Salerno im Westen und Barletta im Osten gezogenen Linie, mit einer Höhe von 1326 m erhebt. Seinen vulkanischen Charakter sieht man diesem gewaltigen, dicht bewaldeten Bergstock auf den ersten Blick nicht an, und doch registriert die Erdbebenwarte von Melfi fast ständig Unruhen im Innern des Berges, und auch merkbare Stöße sind nicht selten. Wenngleich der letzte Ausbruch im Jahre 1930 nun schon geraume Zeit zurückliegt, so tut man doch gut daran, die furchtbaren Kräfte, die in diesem Ungetüm schlummern, niemals zu unterschätzen. Die Städte der unmittelbaren, aber auch weiterer Umgebung fielen dem unberechenbaren Wüten des Vulkans bereits zum Opfer, und man kann nur hoffen, daß sich dies in Zukunft nicht wiederholen wird.

Der unbestrittenen landschaftlichen Schönheiten wegen sollte man eine Radumrundung dennoch wagen und Melfi (km 0,0) als Ausgangspunkt wählen. Im 11. Jahrhundert formierten sich hier die Normannen, an die das alte Kastell erinnert, zu einem Machtfaktor in Süditalien. Auf leicht abfallender und ansteigender Straße radeln wir zunächst nach Rapolla (km 4,5). Auch stark Vulture-geschädigt, blieb hier nur die alte Normannenkirche St. Lucia unversehrt. Vorbei an der Abzweigung nach »Barile« (km 9,0) wechseln an den nordseitigen Hängen des Vulture bis Rionero (km 11,0) Steigungen bis 6% mit flacheren Abschnitten und Abfahrten ab. Im Ort, anfangs der Beschilderung »Potenza« folgend, zweigt kurz vor dem Ortsende eine schlecht ausgeschilderte Straße zum Chalet Monte Vulture ab, die erst kurz unter dessen Gipfel auf etwa 1200 m Höhe endet. Die Straße ist aber bereits im unteren Teil in einem solch katastrophalen Zustand, daß an eine Auffahrt kaum zu denken ist. Am Ortsende

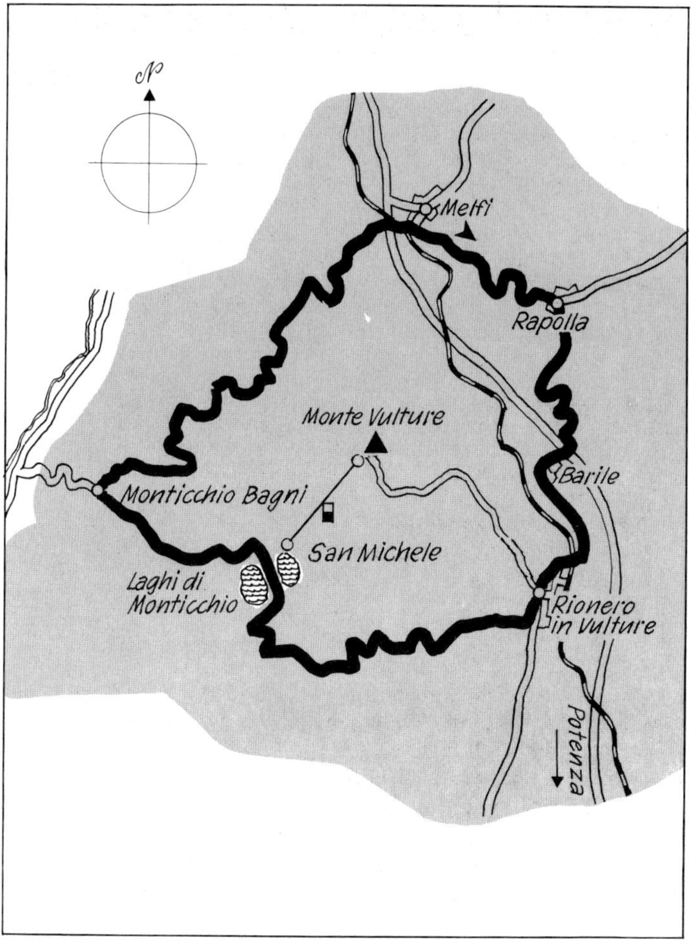

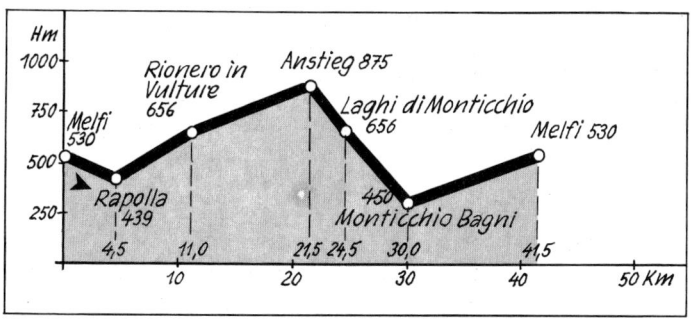

N
Melfi
Rapolla
Monte Vulture
Barile
Monticchio Bagni
San Michele
Laghi di
Monticchio
Rionero
in Vulture
Potenza

Hm
1000
750
500
250
Melfi
530
Rapolla
439
Rionero in
Vulture
656
Anstieg 875
Laghi di Monticchio
656
450
Monticchio Bagni
Melfi 530
4,5
11,0
21,5
24,5
30,0
41,5
10
20
30
40
50 Km

(km 14,5) geht man nun Richtung »Monticchio« die Südwesthänge des Vulkans an. Die folgende lange Auffahrt auf der bis zu 8% ansteigenden Trasse wird von zwei kurzen Abfahrten unterbrochen und endet an einem Schild (km 21,5) mit der Aufschrift »875 m«. Abwärts geht es dafür sogar mit Gefälle bis 14% bis Monticchio Lago (km 24,5). Kein einheitlicher Kegel ist der Monte Vulture, sondern ein Bergstock mit mehreren Schlotsystemen, zu denen auch die beiden Kraterseen, die Laghi di Monticchio, gehören, die hier am Fuße des Monte San Michele, einem Nebengipfel, liegen. »Zwillinge des Vulture« nennt man die beiden von dichtem Laubwald umgebenen Seen, ihres Zeichens ein Tierparadies und vielbesuchtes Ausflugsziel. Der östliche der beiden ist allerdings nur klein, aber bald gibt die leicht ansteigende Straße den Blick auf den ausgedehnten Wasserspiegel des westlich gelegenen Lago Grande frei. Mit der an Monticchio Bagni (km 30,0) vorbei abfallenden Straße verläßt man die Seen und beginnt den Rückweg über die Nordwestseite. Kurz nach dem Ort folgt man an einer Kreuzung weiter der Beschilderung »Melfi«, und die Steigung nimmt wieder bis auf 6% zu. Es ist die weniger besiedelte Seite des Vulkans, sie ist auch nicht so dicht bewaldet, sondern von Grünflächen, auf denen Schafe weiden, bedeckt. Auch die Gesteinsschichten des Untergrunds treten gut sichtbar zutage, und weite Hügelketten versperren die Sicht auf das im Norden angrenzende Apulien. Etwa 2,5 km lang ist dieser Anstieg, und weit breitet sich vor uns das Venosatal aus, von vulkanischen Hügelketten begrenzt. Die folgende Abfahrt wird nach 2 km gestoppt, in weiten Kurven schwingt sich die Trasse nun am Nordhang des Vulture mit Steigungen bis 8% nach oben, um uns nach weiteren 2 km in einem leichten Auf und Ab zum Ausgangspunkt (km 41,5) zurückzuführen. So milde und harmlos sich die Umgebung gibt, auch Melfi liegt auf einem relativ jungen Tochtervulkan und hat diesen in der Vergangenheit bereits böse zu spüren bekommen.

34 Auf den Vesuv

Strecke Neapel – Hotel Eramo – Parkplatz	**Übersetzung** 42/26
Charakter Mittelschwere Radtour mit maximal 14% Steigung zum bekanntesten Vulkan der Welt	**Ausgangspunkt** Neapel (156 m); Autobahnausfahrt »Ercolano« oder »Torre d. Grande«
Zeit 1–1½ Stunden	
Länge 11 km	**Karte** Kümmerly + Frey 1:200 000, Blatt 12 Campania-Basilicata
Höhendifferenz 860 m	

Streckenbeschreibung Die Umgebung von Neapel wird von einem mächtigen doppelgipfligen Bergstock beherrscht, dem Vesuv. Vielleicht der bekannteste Vulkan der Welt, erlangte er seine traurige Berühmtheit mit seinen Ausbrüchen in den Jahren 63 und 79 n. Chr., als er die Städte Pompeji, Herkulaneum und teilweise Neapel unter einem metertiefen Aschen- und Bimssteinregen begrub. Schon vorher und auch in der Folgezeit fanden eine Reihe weiterer Ausbrüche statt – der letzte am 20. März 1944 –, die sowohl Höhe als auch Aussehen des Berges ständig veränderten. Heute setzt er sich aus zwei Teilen zusammen, dem kleineren Monte Somma im Norden, 1132 m hoch, und dem eigentlichen, 1281 m hohen Vesuv. Wegen ihres hohen Anteils an Kalk, Phosphat- und Pottasche ist Vulkanerde besonders fruchtbar, was auch die starke Besiedelung um diesen Berg, der bis hoch oben landwirtschaftlich genutzt wird, erklärt. Eine Einsenkung, die im Norden »Pferde-Atrium«, im Süden »Höllental« genannt wird, trennt die beiden Krater deutlich und bietet auch Platz für eine dort hinaufführende Straße.

Dem Straßengewirr und Verkehrschaos von Neapel entkommt man, wenn man die Autobahn erst bei der Ausfahrt »Ercolano« (km 0,0) verläßt und dort aufs Rad umsteigt. Unter der Autobahn hindurch, dem Schild »Vesuvio« nach, nimmt die Steigung auf einer Länge von 300 m auf 10% zu, geht dann auf 6% und noch weiter zurück. Ein schmales, kurvenreiches Sträßchen ist es, dem man hier folgt und das etwa bei km 2,5 bis zur Einmündung in die von der Autobahnausfahrt »Torre d. Grande« (km 3,0) heraufführende Straße auf 14% zunimmt. Holpriges Kopfsteinpflaster in den Kehren, das noch aus dem alten Pompeji stammen könnte, rüttelt uns zusätzlich durch, dafür wird langsam der Blick auf den Golf und die Dächer von Neapel frei. Über eine enge Kehrenstrecke mit Steigungen zwischen 10 und 12%, manchmal auch kurz auf 14% anziehend, windet sich die

Trasse zwischen erstarrten Lavabrocken und Ginsterbüschen an den Hängen höher. Beim Hotel Eramo (km 6,0), in dessen Nähe das Observatorium liegt, in dem zahlreiche Wissenschaftler Tag für Tag seismische und meteorologische Messungen durchführen, läßt die Steigung kurz etwas nach. Bald steigt die Straße entlang eines riesigen erstarrten Lavastroms wieder auf recht gleichmäßige 11% an. An der folgenden Straßenkreuzung (km 9,0) kann man dann wählen: Folgt man den Aufschriften »Cratere Vesuvio« der rechts abzweigenden Straße, geht die Steigung kurz darauf zurück, und man fährt etwa 1,5 km leicht ab bis zur Talstation des Sessellifts, der in 5½ Minuten zur Bergstation unmittelbar am Kraterrand führt. Die Besichtigung darf allerdings nur in Begleitung eines Führers erfolgen, der in einem Rundgang von 1 Stunde auch die verschiedenen Vulkangesteinsformen erklärt. Aber auch wer sich hier nicht zur Auffahrt entschließt, hat am Parkplatz vor der Talstation einen prächtigen Rundblick auf die Phlegräischen Felder, den Golf von Neapel, die Halbinsel Sorrent und die vor der Küste liegenden Inseln. Wer die linke Straße wählt, hat es auch nicht mehr allzu weit, sie endet, nachdem sie noch etwa 2 km mit 12% angestiegen ist, an einem Parkplatz (km 11,0) unterhalb des grauen Vulkankegels des Vesuv. Über die Lavahänge führen hier einige Serpentinen ebenfalls zum Kraterrand, was allerdings einen Fußmarsch von 20 Minuten erfordert. Der Rundblick von dort oben reicht vom Golf von Gatea über die Phlegräischen Felder, das Kap Misenum, die Inseln Ischia und Procida, den Golf von Pozzuli, die Dächer von Neapel, den Golf von Sorrent bis nach Capri, Pompeji und in die Sarno-Ebene.
Hinweis: Als landschaftliche Besonderheit ist die Auffahrt zum Vesuv sehr stark befahren. Sie sollte deshalb an Wochenenden gemieden werden. Um den recht schlechten Streckenabschnitt im unteren Bereich zu umgehen, kann man die etwas längere, aber bessere Straße, die von der Autobahnausfahrt »Torre d. Grande« nach wenigen km auf die beschriebene Strecke trifft, benutzen.

N
Monte Somma
Abzweigung
Hotel Eramo
Parkplatz
Neapel
Vesuv
Ercolano
Torre d.Grande
Golf von Neapel

Hm
1250
1000
750
500
250
Parkplatz
1017
Abzweigung
831
Hotel Eramo
609
Neapel 156
6,0
9,0
11,0
2
4
6
8
10
12 Km

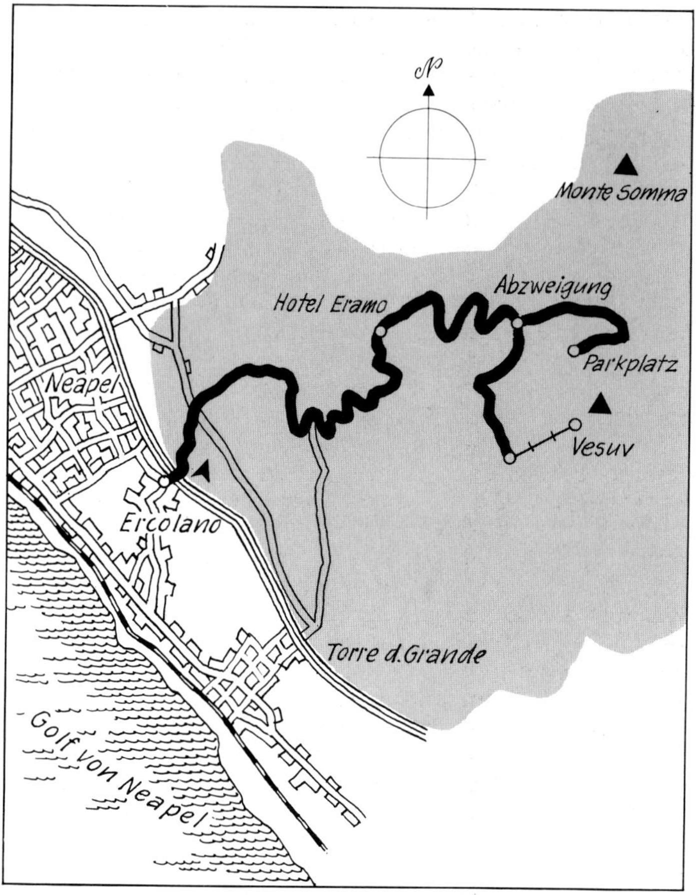

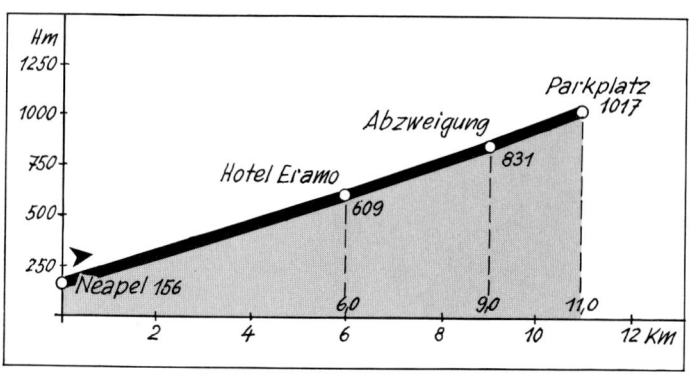

35 An der Küste von Amalfi

Strecke Meta – Positano – Praiano – Amalfi – Maiori – Vietri sul Mare

Charakter Leichte bis mittelschwere Radtour mit maximal 12% Steigung über die »Amalfitana«

Zeit 2¼–3½ Stunden

Länge 49 km

Höhendifferenz 550 m

Übersetzung 42/26

Ausgangspunkt Meta (111 m), ca. 4 km östlich von Sorrent

Karte Kümmerly + Frey 1:200 000, Blatt 12 Campania-Basilicata

<u>Streckenbeschreibung</u> So gewagt und atemberaubend schön wurde die Küstenstraße zwischen Positano und Salerno am Tyrrhenischen Meer angelegt, daß sie zu den schönsten Küstenstraßen der Welt zählt. Steilküsten, eindrucksvolle Schluchten, Grotten, Buchten und Nischen mit von den Wellen zu Sand zermahlenem Verwitterungsschutt sowie Städte mit ruhmreicher Vergangenheit begegnen uns auf diesem Weg, eingezwängt zwischen Berghängen und Meer. »Amalfitana« wird diese Straße auch genannt, nach der einst uneingeschränkt dominierenden Stadt Amalfi, die freilich längst nur noch ein Schatten ihres damaligen Glanzes ist. Knapp 15 km mißt der schönste Teil der »Amalfitana« zwischen Positano und Amalfi »nur«, der aber mit Beginn der Tour in Meta, kurz vor Sorrent, und der Beendigung in Vietri sul Mare, unmittelbar vor Salerno, auf die mehr als dreifache Strecke ausgedehnt werden kann.

Von Neapel, der Beschilderung »Sorrent/Positano« nach, gibt es in Meta (km 0,0) zwei Abzweiger Richtung »Positano/Amalfi«. Wählt man den zweiten, steigt die Straße mit 15% auf einer Länge von 300 m aus dem Ort heraus, um im Ortsteil Trinita, vorbei an einer schönen Kirche, auf 12% zurückzugehen. An der bald folgenden Kreuzung (km 1,0) sind es nur noch 8%, über die man höherradelt; einige Häuser (km 4,0) stehen neben der Straße, die nun rapide bis km 9,0 zum Meer abstürzt. Die spitzen Nadeln der Gallischen Inseln heben sich aus dem Wasser, die in der Antike als Wohnsitz der Sirenen galten. Direkt am Fels entlang nimmt die Steigung wieder bis auf 10% zu, und vor uns ist der Küstenverlauf bereits gut zu verfolgen. Etwa 1,5 km lang ist der Anstieg, bevor die Trasse bis Positano (km 11,0) wieder abfällt. Am Ortszentrum vorbei rollt es abwärts ins Vallone di Furore, dem »Tal des Zorns«, eine der größten und eindrucksvollsten Schluchten, mit denen sich die Steilküste hier zum Meer öffnet und aus der im Frühling ein Flüßchen aus dem

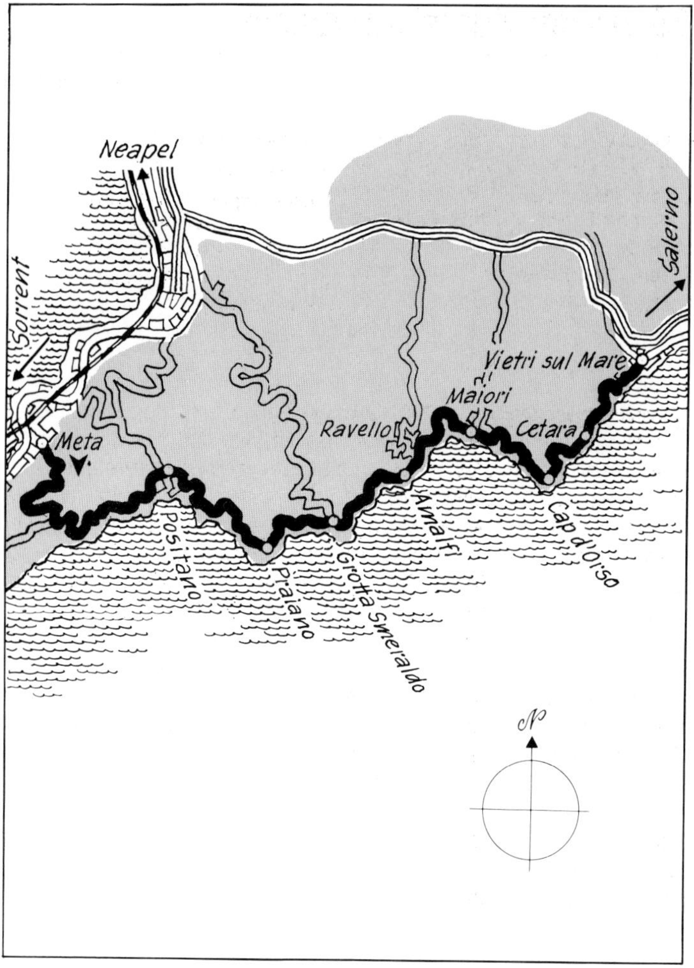

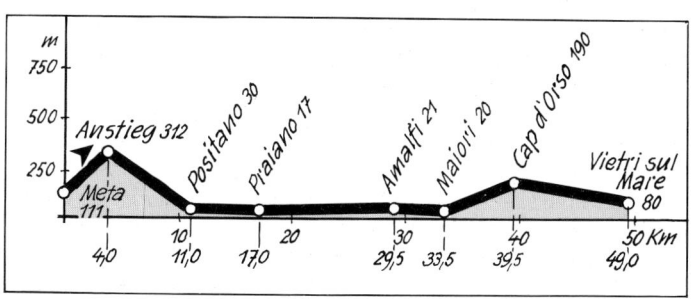

Neapel

Sorrent

Salerno

Meta

Ravello

Vietri sul Mare

Maiori

Cetara

Positano

Praiano

Grotta Smeraldo

Amalfi

Cap d'Orso

N

m
750
500
250

Anstieg 312

Positano 30

Praiano 17

Amalfi 21

Maiori 20

Cap d'Orso 190

Vietri sul Mare
80

Meta
111

4,0   10   11,0   17,0   20   29,5   30   33,5   39,5   40   49,0   50 Km

Bergland heraustobt. Mit Steigungen bis 10%, von längeren flacheren Abschnitten unterbrochen, steigt die Straße nach Überfahren eines Brückleins (km 14,0) bis Praiano (km 17,0) an den steilen Felswänden wieder nach oben. Auf leicht ansteigender und abfallender Straße wird eine Reihe kurzer Felstunnels durchfahren, deren letzter vor den Souvenirständen der Grotta Smeraldo (km 23,5) endet. Die Grotte verdankt ihr Smaragdlicht dem gleichen Phänomen, die die weit berühmtere Blaue Grotte von Capri in ihrem märchenhaften Blau erscheinen läßt. Kurz steigt die Straße am kleinen Felssporn des Cap Conca an, vorbei am Hotel Belvedere (km 25,0), dessen schöne Aussicht man noch einmal nutzen sollte, bevor man auf abfallender Straße mit den Häusern von Vettica den Vorort von Amalfi erreicht. Noch ein kurzer 9%iger Anstieg, dann fällt die Straße wieder ab und führt uns durch einen 100 m langen, beleuchteten Tunnel in die Ortsmitte von Amalfi (km 29,5). Mit dem Ort, der im 4. Jahrhundert von Römern gegründet worden sein soll, die auf dem Weg nach Konstantinopel Schiffbruch erlitten hatten, liegt der schönste Teil der Strecke hinter uns. Wenn die Weiterfahrt nach Salerno auch nach den bisherigen Landschaftserlebnissen verblaßt, so wird sie jedoch nur derjenige vermeiden können, der entweder die Rückfahrt antritt oder das beschwerliche Ausweichen ins Landesinnere vorzieht. Hält man sich weiter an der Küste, verläßt man Amalfi mit 10%iger Steigung durch ein weiteres 100 m langes, schwach beleuchtetes Tunnel, an das sich Castiglioni mit einer 300 m langen 12%igen Steigung anschließt. Die Steilküste geht in einen flacheren Bergrücken über, und bis Maiori (km 33,5) wechseln ebene Abschnitte mit Abfahrten und kurzen Anstiegen bis 8% ab. Zum Cap d'Orso (km 39,5) steigt die Straße dann nochmals bis 8%, meist jedoch weit darunter, an, um bis Cetara (km 44,0) wieder abzufallen. Noch einmal nimmt die Steigung auf etwa 3 km auf 6% zu, bevor man auf ebener Strecke über eine Brücke Vietri sul Mare (km 49,0) erreicht.

Hinweise: Die »Amalfitana« ist vor allem an Wochenenden und in den Sommermonaten sehr stark befahren. Es empfiehlt sich, neben einem möglichst frühzeitigen Aufbruch, die Befahrung auf einen Wochentag zu verlegen. Wegen der Tunnels ist Beleuchtung ratsam.